は　し　が　き

　平成29年3月に告示された小学校学習指導要領が，令和2年度から全面実施されます。

　今回の学習指導要領では，各教科等の目標及び内容が，育成を目指す資質・能力の三つの柱（「知識及び技能」，「思考力，判断力，表現力等」，「学びに向かう力，人間性等」）に沿って再整理され，各教科等でどのような資質・能力の育成を目指すのかが明確化されました。これにより，教師が「子供たちにどのような力が身に付いたか」という学習の成果を的確に捉え，主体的・対話的で深い学びの視点からの授業改善を図る，いわゆる「指導と評価の一体化」が実現されやすくなることが期待されます。

　また，子供たちや学校，地域の実態を適切に把握した上で教育課程を編成し，学校全体で教育活動の質の向上を図る「カリキュラム・マネジメント」についても明文化されました。カリキュラム・マネジメントの一側面として，「教育課程の実施状況を評価してその改善を図っていくこと」がありますが，このためには，教育課程を編成・実施し，学習評価を行い，学習評価を基に教育課程の改善・充実を図るというPDCAサイクルを確立することが重要です。このことも，まさに「指導と評価の一体化」のための取組と言えます。

　このように，「指導と評価の一体化」の必要性は，今回の学習指導要領において，より一層明確なものとなりました。そこで，国立教育政策研究所教育課程研究センターでは，「幼稚園，小学校，中学校，高等学校及び特別支援学校の学習指導要領等の改善及び必要な方策等について（答申）」（平成28年12月21日中央教育審議会）をはじめ，「児童生徒の学習評価の在り方について（報告）」（平成31年1月21日中央教育審議会初等中等教育分科会教育課程部会）や「小学校，中学校，高等学校及び特別支援学校等における児童生徒の学習評価及び指導要録の改善等について」（平成31年3月29日付初等中等教育局長通知）を踏まえ，このたび「『指導と評価の一体化』のための学習評価に関する参考資料」を作成しました。

　本資料では，学習評価の基本的な考え方や，各教科等における評価規準の作成及び評価の実施等について解説しているほか，各教科等別に単元や題材に基づく学習評価について事例を紹介しています。各学校においては，本資料や各教育委員会等が示す学習評価に関する資料などを参考としながら，学習評価を含むカリキュラム・マネジメントを円滑に進めていただくことで，「指導と評価の一体化」を実現し，子供たちに未来の創り手となるために必要な資質・能力が育まれることを期待します。

　最後に，本資料の作成に御協力くださった方々に心から感謝の意を表します。

　令和2年3月

国立教育政策研究所
教育課程研究センター長

笹　井　弘　之

目次

- 　小学校体育科における「内容のまとまりごとの評価規準（例）」
- 　評価規準，評価方法等の工夫改善に関する調査研究について（平成 31 年 2 月 4 日，国立教育政策研究所長裁定）
- 　評価規準，評価方法等の工夫改善に関する調査研究協力者
- 　学習指導要領等関係資料について
- 　学習評価の在り方ハンドブック（小・中学校編）

※本冊子については，改訂後の常用漢字表（平成 22 年 11 月 30 日内閣告示）に基づいて表記しています。（学習指導要領及び初等中等教育局長通知等の引用部分を除く）

第1編

総説

第1編　総説

本編においては，以下の資料について，それぞれ略称を用いることとする。

> 答申：「幼稚園，小学校，中学校，高等学校及び特別支援学校の学習指導要領等の改善
> 　　　及び必要な方策等について（答申）」　平成28年12月21日　中央教育審議会
> 報告：「児童生徒の学習評価の在り方について（報告）」　平成31年1月21日　中央教
> 　　　育審議会　初等中等教育分科会　教育課程部会
> 改善等通知：「小学校，中学校，高等学校及び特別支援学校等における児童生徒の学習
> 　　　評価及び指導要録の改善等について（通知）」　平成31年3月29日　初等中等
> 　　　教育局長通知

第1章　平成29年改訂を踏まえた学習評価の改善
1　はじめに

　学習評価は，学校における教育活動に関し，児童生徒の学習状況を評価するものである。答申にもあるとおり，児童生徒の学習状況を的確に捉え，教師が指導の改善を図るとともに，児童生徒が自らの学びを振り返って次の学びに向かうことができるようにするためには，学習評価の在り方が極めて重要である。

　各教科等の評価については，学習状況を分析的に捉える「観点別学習状況の評価」と「評定」が学習指導要領に定める目標に準拠した評価として実施するものとされている[1]。観点別学習状況の評価とは，学校における児童生徒の学習状況を，複数の観点から，それぞれの観点ごとに分析する評価のことである。児童生徒が各教科等での学習において，どの観点で望ましい学習状況が認められ，どの観点に課題が認められるかを明らかにすることにより，具体的な学習や指導の改善に生かすことを可能とするものである。各学校において目標に準拠した観点別学習状況の評価を行うに当たっては，観点ごとに評価規準を定める必要がある。評価規準とは，観点別学習状況の評価を的確に行うため，学習指導要領に示す目標の実現の状況を判断するよりどころを表現したものである。本参考資料は，観点別学習状況の評価を実施する際に必要となる評価規準等，学習評価を行うに当たって参考となる情報をまとめたものである。

　以下，文部省指導資料から，評価規準について解説した部分を参考として引用する。

---

[1] 各教科の評価については，観点別学習状況の評価と，これらを総括的に捉える「評定」の両方について実施するものとされており，観点別学習状況の評価や評定には示しきれない児童生徒の一人一人のよい点や可能性，進歩の状況については，「個人内評価」として実施するものとされている。（P.6〜11に後述）

（参考）評価規準の設定（抄）

（文部省「小学校教育課程一般指導資料」（平成5年9月）より）

　新しい指導要録（平成3年改訂）では，観点別学習状況の評価が効果的に行われるようにするために，「各観点ごとに学年ごとの評価規準を設定するなどの工夫を行うこと」と示されています。

　これまでの指導要録においても，観点別学習状況の評価を適切に行うため，「観点の趣旨を学年別に具体化することなどについて工夫を加えることが望ましいこと」とされており，教育委員会や学校では目標の達成の度合いを判断するための基準や尺度などの設定について研究が行われてきました。

　しかし，それらは，ともすれば知識・理解の評価が中心になりがちであり，また「目標を十分達成（＋）」，「目標をおおむね達成（空欄）」及び「達成が不十分（－）」ごとに詳細にわたって設定され，結果としてそれを単に数量的に処理することに陥りがちであったとの指摘がありました。

　今回の改訂においては，学習指導要領が目指す学力観に立った教育の実践に役立つようにすることを改訂方針の一つとして掲げ，各教科の目標に照らしてその実現の状況を評価する観点別学習状況を各教科の学習の評価の基本に据えることとしました。したがって，評価の観点についても，学習指導要領に示す目標との関連を密にして設けられています。

　このように，学習指導要領が目指す学力観に立つ教育と指導要録における評価とは一体のものであるとの考え方に立って，各教科の目標の実現の状況を「関心・意欲・態度」，「思考・判断・表現」，「技能・表現（または技能）」及び「知識・理解」の観点ごとに適切に評価するため，「評価規準を設定する」ことを明確に示しているものです。

　「評価規準」という用語については，先に述べたように，新しい学力観に立って子供たちが自ら獲得し身に付けた資質や能力の質的な面，すなわち，学習指導要領の目標に基づく幅のある資質や能力の育成の実現状況の評価を目指すという意味から用いたものです。

2　平成29年改訂を踏まえた学習評価の意義
（1）学習評価の充実

　平成29年改訂小・中学校学習指導要領総則においては，学習評価の充実について新たに項目が置かれた。具体的には，学習評価の目的等について以下のように示し，単元や題材など内容や時間のまとまりを見通しながら，児童生徒の主体的・対話的で深い学びの実現に向けた授業改善を行うと同時に，評価の場面や方法を工夫して，学習の過程や成果を評価することを示し，授業の改善と評価の改善を両輪として行っていくことの必要性を明示した。

- 児童のよい点や進歩の状況などを積極的に評価し，学習したことの意義や価値を実感できるようにすること。また，各教科等の目標の実現に向けた学習状況を把握する観点から，単元や題材など内容や時間のまとまりを見通しながら評価の場面や方法を工夫して，学習の過程や成果を評価し，指導の改善や学習意欲の向上を図り，資質・能力の育成に生かすようにすること。
- 創意工夫の中で学習評価の妥当性や信頼性が高められるよう，組織的かつ計画的な取組を推進するとともに，学年や学校段階を越えて児童の学習の成果が円滑に接続されるように工夫すること。

（小学校学習指導要領第1章総則　第3教育課程の実施と学習評価　2学習評価の充実）
（中学校学習指導要領にも同旨）

（2）カリキュラム・マネジメントの一環としての指導と評価

　　各学校における教育活動の多くは，学習指導要領等に従い児童生徒や地域の実態を踏まえて編成された教育課程の下，指導計画に基づく授業（学習指導）として展開される。各学校では，児童生徒の学習状況を評価し，その結果を児童生徒の学習や教師による指導の改善や学校全体としての教育課程の改善等に生かしており，学校全体として組織的かつ計画的に教育活動の質の向上を図っている。このように，「学習指導」と「学習評価」は学校の教育活動の根幹に当たり，教育課程に基づいて組織的かつ計画的に教育活動の質の向上を図る「カリキュラム・マネジメント」の中核的な役割を担っている。

（3）主体的・対話的で深い学びの視点からの授業改善と評価

　　指導と評価の一体化を図るためには，児童生徒一人一人の学習の成立を促すための評価という視点を一層重視し，教師が自らの指導のねらいに応じて授業での児童生徒の学びを振り返り，学習や指導の改善に生かしていくことが大切である。すなわち，平成29年改訂学習指導要領で重視している「主体的・対話的で深い学び」の視点からの授業改善を通して各教科等における資質・能力を確実に育成する上で，学習評価は重要な役割を担っている。

（4）学習評価の改善の基本的な方向性

　　（1）〜（3）で述べたとおり，学習指導要領改訂の趣旨を実現するためには，学習評価の在り方が極めて重要であり，すなわち，学習評価を真に意味のあるものとし，指導と評価の一体化を実現することがますます求められている。
　　このため，報告では，以下のように学習評価の改善の基本的な方向性が示された。
　　① 児童生徒の学習改善につながるものにしていくこと
　　② 教師の指導改善につながるものにしていくこと
　　③ これまで慣行として行われてきたことでも，必要性・妥当性が認められないものは見直していくこと

3 平成29年改訂を受けた評価の観点の整理

　平成29年改訂学習指導要領においては，知・徳・体にわたる「生きる力」を児童生徒に育むために「何のために学ぶのか」という各教科等を学ぶ意義を共有しながら，授業の創意工夫や教科書等の教材の改善を引き出していくことができるようにするため，全ての教科等の目標及び内容を「知識及び技能」，「思考力，判断力，表現力等」，「学びに向かう力，人間性等」の育成を目指す資質・能力の三つの柱で再整理した（図1参照）。知・徳・体のバランスのとれた「生きる力」を育むことを目指すに当たっては，各教科等の指導を通してどのような資質・能力の育成を目指すのかを明確にしながら教育活動の充実を図ること，その際には，児童生徒の発達の段階や特性を踏まえ，資質・能力の三つの柱の育成がバランスよく実現できるよう留意する必要がある。

図1

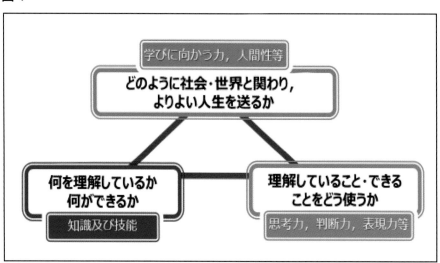

　観点別学習状況の評価については，こうした教育目標や内容の再整理を踏まえて，小・中・高等学校の各教科を通じて，4観点から3観点に整理された。（図2参照）

図2

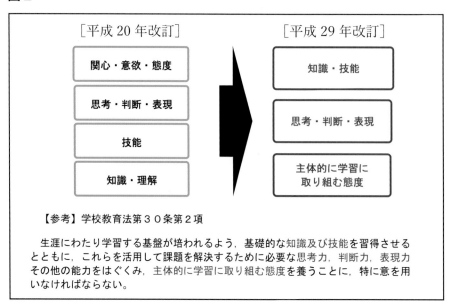

4　平成29年改訂学習指導要領における各教科の学習評価

　各教科の学習評価においては，平成29年改訂においても，学習状況を分析的に捉える「観点別学習状況の評価」と，これらを総括的に捉える「評定」の両方について，学習指導要領に定める目標に準拠した評価として実施するものとされた。改善等通知では，以下のように示されている。

【小学校児童指導要録】

　［各教科の学習の記録］

　Ⅰ　観点別学習状況

　　学習指導要領に示す各教科の目標に照らして，その実現状況を観点ごとに評価し記入する。その際，

　　　「十分満足できる」状況と判断されるもの：A

　　　「おおむね満足できる」状況と判断されるもの：B

　　　「努力を要する」状況と判断されるもの：C

　のように区別して評価を記入する。

　Ⅱ　評定（第3学年以上）

　　各教科の評定は，学習指導要領に示す各教科の目標に照らして，その実現状況を，

　　　「十分満足できる」状況と判断されるもの：3

　　　「おおむね満足できる」状況と判断されるもの：2

　　　「努力を要する」状況と判断されるもの：1

　のように区別して評価を記入する。

　　評定は各教科の学習の状況を総括的に評価するものであり，「観点別学習状況」において掲げられた観点は，分析的な評価を行うものとして，各教科の評定を行う場合において基本的な要素となるものであることに十分留意する。その際，評定の適切な決定方法等については，各学校において定める。

【中学校生徒指導要録】

（学習指導要領に示す必修教科の取扱いは次のとおり）

　［各教科の学習の記録］

　Ⅰ　観点別学習状況（小学校児童指導要録と同じ）

　　学習指導要領に示す各教科の目標に照らして，その実現状況を観点ごとに評価し記入する。その際，

　　　「十分満足できる」状況と判断されるもの：A

　　　「おおむね満足できる」状況と判断されるもの：B

　　　「努力を要する」状況と判断されるもの：C

　のように区別して評価を記入する。

　Ⅱ　評定

　　各教科の評定は，学習指導要領に示す各教科の目標に照らして，その実現状況を，

「十分満足できるもののうち，特に程度が高い」状況と判断されるもの：5

「十分満足できる」状況と判断されるもの：4

「おおむね満足できる」状況と判断されるもの：3

「努力を要する」状況と判断されるもの：2

「一層努力を要する」状況と判断されるもの：1

のように区別して評価を記入する。

評定は各教科の学習の状況を総括的に評価するものであり，「観点別学習状況」において掲げられた観点は，分析的な評価を行うものとして，各教科の評定を行う場合において基本的な要素となるものであることに十分留意する。その際，評定の適切な決定方法等については，各学校において定める。

また，観点別学習状況の評価や評定には示しきれない児童生徒一人一人のよい点や可能性，進歩の状況については，「個人内評価」として実施するものとされている。改善等通知においては，「観点別学習状況の評価になじまず個人内評価の対象となるものについては，児童生徒が学習したことの意義や価値を実感できるよう，日々の教育活動等の中で児童生徒に伝えることが重要であること。特に『学びに向かう力，人間性等』のうち『感性や思いやり』など児童生徒一人一人のよい点や可能性，進歩の状況などを積極的に評価し児童生徒に伝えることが重要であること。」と示されている。

「3　平成29年改訂を受けた評価の観点の整理」も踏まえて各教科における評価の基本構造を図示化すると，以下のようになる。（図3参照）

図3

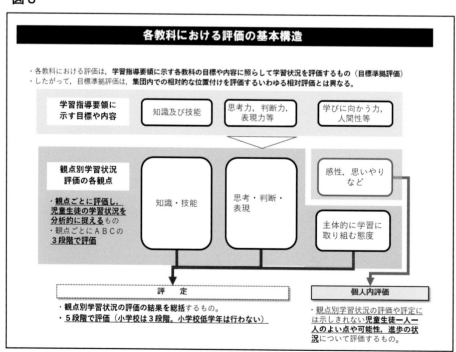

上記の，「各教科における評価の基本構造」を踏まえた3観点の評価それぞれについて

の考え方は，以下の（1）〜（3）のとおりとなる。なお，この考え方は，外国語活動（小学校），総合的な学習の時間，特別活動においても同様に考えることができる。

（1）「知識・技能」の評価について

　「知識・技能」の評価は，各教科等における学習の過程を通した知識及び技能の習得状況について評価を行うとともに，それらを既有の知識及び技能と関連付けたり活用したりする中で，他の学習や生活の場面でも活用できる程度に概念等を理解したり，技能を習得したりしているかについても評価するものである。

　「知識・技能」におけるこのような考え方は，従前の「知識・理解」（各教科等において習得すべき知識や重要な概念等を理解しているかを評価），「技能」（各教科等において習得すべき技能を身に付けているかを評価）においても重視してきたものである。

　具体的な評価の方法としては，ペーパーテストにおいて，事実的な知識の習得を問う問題と，知識の概念的な理解を問う問題とのバランスに配慮するなどの工夫改善を図るとともに，例えば，児童生徒が文章による説明をしたり，各教科等の内容の特質に応じて，観察・実験したり，式やグラフで表現したりするなど，実際に知識や技能を用いる場面を設けるなど，多様な方法を適切に取り入れていくことが考えられる。

（2）「思考・判断・表現」の評価について

　「思考・判断・表現」の評価は，各教科等の知識及び技能を活用して課題を解決する等のために必要な思考力，判断力，表現力等を身に付けているかを評価するものである。

　「思考・判断・表現」におけるこのような考え方は，従前の「思考・判断・表現」の観点においても重視してきたものである。「思考・判断・表現」を評価するためには，教師は「主体的・対話的で深い学び」の視点からの授業改善を通じ，児童生徒が思考・判断・表現する場面を効果的に設計した上で，指導・評価することが求められる。

　具体的な評価の方法としては，ペーパーテストのみならず，論述やレポートの作成，発表，グループでの話合い，作品の制作や表現等の多様な活動を取り入れたり，それらを集めたポートフォリオを活用したりするなど評価方法を工夫することが考えられる。

（3）「主体的に学習に取り組む態度」の評価について

　答申において「学びに向かう力，人間性等」には，①「主体的に学習に取り組む態度」として観点別学習状況の評価を通じて見取ることができる部分と，②観点別学習状況の評価や評定にはなじまず，こうした評価では示しきれないことから個人内評価を通じて見取る部分があることに留意する必要があるとされている。すなわち，②については観点別学習状況の評価の対象外とする必要がある。

　「主体的に学習に取り組む態度」の評価に際しては，単に継続的な行動や積極的な発言を行うなど，性格や行動面の傾向を評価するということではなく，各教科等の「主体的に学習に取り組む態度」に係る観点の趣旨に照らして，知識及び技能を習得したり，

思考力，判断力，表現力等を身に付けたりするために，自らの学習状況を把握し，学習の進め方について試行錯誤するなど自らの学習を調整しながら，学ぼうとしているかどうかという意思的な側面を評価することが重要である。

従前の「関心・意欲・態度」の観点も，各教科等の学習内容に関心をもつことのみならず，よりよく学ぼうとする意欲をもって学習に取り組む態度を評価するという考え方に基づいたものであり，この点を「主体的に学習に取り組む態度」として改めて強調するものである。

本観点に基づく評価は，「主体的に学習に取り組む態度」に係る各教科等の評価の観点の趣旨に照らして，

① 　知識及び技能を獲得したり，思考力，判断力，表現力等を身に付けたりすることに向けた粘り強い取組を行おうとしている側面

② 　①の粘り強い取組を行う中で，自らの学習を調整しようとする側面

という二つの側面を評価することが求められる[2]。（図4参照）

ここでの評価は，児童生徒の学習の調整が「適切に行われているか」を必ずしも判断するものではなく，学習の調整が知識及び技能の習得などに結び付いていない場合には，教師が学習の進め方を適切に指導することが求められる。

具体的な評価の方法としては，ノートやレポート等における記述，授業中の発言，教師による行動観察や児童生徒による自己評価や相互評価等の状況を，教師が評価を行う際に考慮する材料の一つとして用いることなどが考えられる。

図4

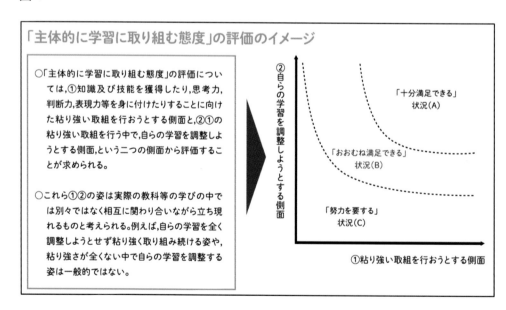

_____

[2] これら①②の姿は実際の教科等の学びの中では別々ではなく相互に関わり合いながら立ち現れるものと考えられることから，実際の評価の場面においては，双方の側面を一体的に見取ることも想定される。例えば，自らの学習を全く調整しようとせず粘り強く取り組み続ける姿や，粘り強さが全くない中で自らの学習を調整する姿は一般的ではない。

　なお，学習指導要領の「2　内容」に記載のない「主体的に学習に取り組む態度」の評価については，後述する第2章1（2）を参照のこと[3]。

5　改善等通知における特別の教科　道徳，外国語活動（小学校），総合的な学習の時間，特別活動の指導要録の記録

　改善等通知においては，各教科の学習の記録とともに，以下の（1）～（4）の各教科等の指導要録における学習の記録について以下のように示されている。

（1）特別の教科　道徳について

　小学校等については，改善等通知別紙1に，「道徳の評価については，28文科初第604号「学習指導要領の一部改正に伴う小学校，中学校及び特別支援学校小学部・中学部における児童生徒の学習評価及び指導要録の改善等について（通知）」に基づき，学習活動における児童の学習状況や道徳性に係る成長の様子を個人内評価として文章で端的に記述する」こととされている（中学校等についても別紙2に同旨）。

（2）外国語活動について（小学校）

　改善等通知には，「外国語活動の記録については，評価の観点を記入した上で，それらの観点に照らして，児童の学習状況に顕著な事項がある場合にその特徴を記入する等，児童にどのような力が身に付いたかを文章で端的に記述すること」とされている。また，「評価の観点については，設置者は，小学校学習指導要領等に示す外国語活動の目標を踏まえ，改善等通知別紙4を参考に設定する」こととされている。

（3）総合的な学習の時間について

　小学校等については，改善等通知別紙1に，「総合的な学習の時間の記録については，この時間に行った学習活動及び各学校が自ら定めた評価の観点を記入した上で，それらの観点のうち，児童の学習状況に顕著な事項がある場合などにその特徴を記入する等，児童にどのような力が身に付いたかを文章で端的に記述すること」とされている。また，「評価の観点については，各学校において具体的に定めた目標，内容に基づいて別紙4を参考に定めること」とされている（中学校等についても別紙2に同旨）。

---

[3]　各教科等によって，評価の対象に特性があることに留意する必要がある。例えば，体育・保健体育科の運動に関する領域においては，公正や協力などを，育成する「態度」として学習指導要領に位置付けており，各教科等の目標や内容に対応した学習評価が行われることとされている。

（4）特別活動について

　小学校等については，改善等通知別紙１に，「特別活動の記録については，各学校が自ら定めた特別活動全体に係る評価の観点を記入した上で，各活動・学校行事ごとに，評価の観点に照らして十分満足できる活動の状況にあると判断される場合に，〇印を記入する」とされている。また，「評価の観点については，学習指導要領等に示す特別活動の目標を踏まえ，各学校において改善等通知別紙４を参考に定める。その際，特別活動の特質や学校として重点化した内容を踏まえ，例えば『主体的に生活や人間関係をよりよくしようとする態度』などのように，より具体的に定めることも考えられる。記入に当たっては，特別活動の学習が学校や学級における集団活動や生活を対象に行われるという特質に留意する」とされている（中学校等についても別紙２に同旨）。

　なお，特別活動は学級担任以外の教師が指導する活動が多いことから，評価体制を確立し，共通理解を図って，児童生徒のよさや可能性を多面的・総合的に評価するとともに，確実に資質・能力が育成されるよう指導の改善に生かすことが求められる。

6　障害のある児童生徒の学習評価について

　学習評価に関する基本的な考え方は，障害のある児童生徒の学習評価についても変わるものではない。

　障害のある児童生徒については，特別支援学校等の助言又は援助を活用しつつ，個々の児童生徒の障害の状態や特性及び心身の発達の段階に応じた指導内容や指導方法の工夫を行い，その評価を適切に行うことが必要である。また，指導内容や指導方法の工夫については，学習指導要領の各教科の「指導計画の作成と内容の取扱い」の「指導計画作成上の配慮事項」の「障害のある児童生徒への配慮についての事項」についての学習指導要領解説も参考となる。

7　評価の方針等の児童生徒や保護者への共有について

　学習評価の妥当性や信頼性を高めるとともに，児童生徒自身に学習の見通しをもたせるために，学習評価の方針を事前に児童生徒と共有する場面を必要に応じて設けることが求められており，児童生徒に評価の結果をフィードバックする際にも，どのような方針によって評価したのかを改めて児童生徒に共有することも重要である。

　また，新学習指導要領下での学習評価の在り方や基本方針等について，様々な機会を捉えて保護者と共通理解を図ることが非常に重要である。

第2章　学習評価の基本的な流れ

1　各教科における評価規準の作成及び評価の実施等について

（1）目標と観点の趣旨との対応関係について

評価規準の作成に当たっては，各学校の実態に応じて目標に準拠した評価を行うために，「評価の観点及びその趣旨[4]」が各教科等の目標を踏まえて作成されていること，また同様に，「学年別（又は分野別）の評価の観点の趣旨[5]」が学年（又は分野）の目標を踏まえて作成されていることを確認することが必要である。

なお，「主体的に学習に取り組む態度」の観点は，教科等及び学年（又は分野）の目標の（3）に対応するものであるが，観点別学習状況の評価を通じて見取ることができる部分をその内容として整理し，示していることを確認することが必要である。（図5，6参照）

図5

【学習指導要領「教科の目標」】

学習指導要領　各教科等の「第1　目標」

(1)	(2)	(3)
（知識及び技能に関する目標）	（思考力，判断力，表現力等に関する目標）	（学びに向かう力，人間性等に関する目標）[6]

【改善等通知「評価の観点及びその趣旨」】

改善等通知　別紙4　評価の観点及びその趣旨

観点	知識・技能	思考・判断・表現	主体的に学習に取り組む態度
趣旨	（知識・技能の観点の趣旨）	（思考・判断・表現の観点の趣旨）	（主体的に学習に取り組む態度の観点の趣旨）

---

[4] 各教科等の学習指導要領の目標の規定を踏まえ，観点別学習状況の評価の対象とするものについて整理したものが教科等の観点の趣旨である。

[5] 各学年（又は分野）の学習指導要領の目標を踏まえ，観点別学習状況の評価の対象とするものについて整理したものが学年別（又は分野別）の観点の趣旨である。

[6] 学びに向かう力，人間性等に関する目標には，個人内評価として実施するものも含まれている。（P.8 図3参照）※学年（又は分野）の目標についても同様である。

図6

【学習指導要領「学年（又は分野）の目標」】

学習指導要領　各教科等の「第2　各学年の目標及び内容」の学年ごとの「1　目標」

(1)	(2)	(3)
（知識及び技能に関する目標）	（思考力，判断力，表現力等に関する目標）	（学びに向かう力，人間性等に関する目標）

【改善等通知　別紙4「学年別（又は分野別）の評価の観点の趣旨」】

観点	知識・技能	思考・判断・表現	主体的に学習に取り組む態度
趣旨	（知識・技能の観点の趣旨）	（思考・判断・表現の観点の趣旨）	（主体的に学習に取り組む態度の観点の趣旨）

（2）「内容のまとまりごとの評価規準」とは

　　本参考資料では，評価規準の作成等について示す。具体的には，学習指導要領の規定から「内容のまとまりごとの評価規準」を作成する際の手順を示している。ここでの「内容のまとまり」とは，学習指導要領に示す各教科等の「第2　各学年の目標及び内容　2　内容」の項目等をそのまとまりごとに細分化したり整理したりしたものである[7]。平成29年改訂学習指導要領においては資質・能力の三つの柱に基づく構造化が行われたところであり，基本的には，学習指導要領に示す各教科等の「第2　各学年（分野）の目標及び内容」の「2　内容」において[8]，「内容のまとまり」ごとに育成を目指す資質・

---

[7] 各教科等の学習指導要領の「第3　指導計画の作成と内容の取扱い」1(1)に「単元（題材）などの内容や時間のまとまり」という記載があるが，この「内容や時間のまとまり」と，本参考資料における「内容のまとまり」は同義ではないことに注意が必要である。前者は，主体的・対話的で深い学びを実現するため，主体的に学習に取り組めるよう学習の見通しを立てたり学習したことを振り返ったりして自身の学びや変容を自覚できる場面をどこに設定するか，対話によって自分の考えなどを広げたり深めたりする場面をどこに設定するか，学びの深まりをつくりだすために，児童生徒が考える場面と教師が教える場面をどのように組み立てるか，といった視点による授業改善は，1単位時間の授業ごとに考えるのではなく，単元や題材などの一定程度のまとまりごとに検討されるべきであることが示されたものである。後者（本参考資料における「内容のまとまり」）については，本文に述べるとおりである。

[8] 小学校家庭においては，「第2　各学年の内容」，「1　内容」，小学校外国語・外国語活動，中学校外国語においては，「第2　各言語の目標及び内容等」，「1　目標」である。

能力が示されている。このため,「2　内容」の記載はそのまま学習指導の目標となりうるものである[9]。学習指導要領の目標に照らして観点別学習状況の評価を行うに当たり,児童生徒が資質・能力を身に付けた状況を表すために,「2　内容」の記載事項の文末を「～すること」から「～している」と変換したもの等を,本参考資料において「内容のまとまりごとの評価規準」と呼ぶこととする[10]。

　ただし,「主体的に学習に取り組む態度」に関しては,特に,児童生徒の学習への継続的な取組を通して現れる性質を有すること等から[11],「2　内容」に記載がない[12]。そのため,各学年（又は分野）の「1　目標」を参考にしつつ,必要に応じて,改善等通知別紙4に示された学年（又は分野）別の評価の観点の趣旨のうち「主体的に学習に取り組む態度」に関わる部分を用いて「内容のまとまりごとの評価規準」を作成する必要がある。

　なお,各学校においては,「内容のまとまりごとの評価規準」の考え方を踏まえて,学習評価を行う際の評価規準を作成する。

（3）「内容のまとまりごとの評価規準」を作成する際の基本的な手順

　各教科における,「内容のまとまりごとの評価規準」を作成する際の基本的な手順は以下のとおりである。

　学習指導要領に示された教科及び学年（又は分野）の目標を踏まえて,「評価の観点及びその趣旨」が作成されていることを理解した上で,

① 各教科における「内容のまとまり」と「評価の観点」との関係を確認する。

② 【観点ごとのポイント】を踏まえ,「内容のまとまりごとの評価規準」を作成する。

---

[9]「2　内容」において示されている指導事項等を整理することで「内容のまとまり」を構成している教科もある。この場合は,整理した資質・能力をもとに,構成された「内容のまとまり」に基づいて学習指導の目標を設定することとなる。また,目標や評価規準の設定は,教育課程を編成する主体である各学校が,学習指導要領に基づきつつ児童生徒や学校,地域の実情に応じて行うことが必要である。

[10] 小学校家庭,中学校技術・家庭（家庭分野）については,学習指導要領の目標及び分野の目標の（2）に思考力・判断力・表現力等の育成に係る学習過程が記載されているため,これらを踏まえて「内容のまとまりごとの評価規準」を作成する必要がある。

[11] 各教科等の特性によって単元や題材など内容や時間のまとまりはさまざまであることから,評価を行う際は,それぞれの実現状況が把握できる段階について検討が必要である。

[12] 各教科等によって,評価の対象に特性があることに留意する必要がある。例えば,体育・保健体育科の運動に関する領域においては,公正や協力などを,育成する「態度」として学習指導要領に位置付けており,各教科等の目標や内容に対応した学習評価が行われることとされている。

①，②については，第2編において詳述する。同様に，【観点ごとのポイント】についても，第2編に各教科等において示している。

（4）評価の計画を立てることの重要性

学習指導のねらいが児童生徒の学習状況として実現されたかについて，評価規準に照らして観察し，毎時間の授業で適宜指導を行うことは，育成を目指す資質・能力を児童生徒に育むためには不可欠である。その上で，評価規準に照らして，観点別学習状況の評価をするための記録を取ることになる。そのためには，いつ，どのような方法で，児童生徒について観点別学習状況を評価するための記録を取るのかについて，評価の計画を立てることが引き続き大切である。

毎時間児童生徒全員について記録を取り，総括の資料とするために蓄積することは現実的ではないことからも，児童生徒全員の学習状況を記録に残す場面を精選し，かつ適切に評価するための評価の計画が一層重要になる。

（5）観点別学習状況の評価に係る記録の総括

適切な評価の計画の下に得た，児童生徒の観点別学習状況の評価に係る記録の総括の時期としては，単元（題材）末，学期末，学年末等の節目が考えられる。

総括を行う際，観点別学習状況の評価に係る記録が，観点ごとに複数ある場合は，例えば，次のような方法が考えられる。

・ **評価結果のＡ，Ｂ，Ｃの数を基に総括する場合**

何回か行った評価結果のＡ，Ｂ，Ｃの数が多いものが，その観点の学習の実施状況を最もよく表現しているとする考え方に立つ総括の方法である。例えば，3回評価を行った結果が「ＡＢＢ」ならばＢと総括することが考えられる。なお，「ＡＡＢＢ」の総括結果をＡとするかＢとするかなど，同数の場合や三つの記号が混在する場合の総括の仕方をあらかじめ各学校において決めておく必要がある。

・ **評価結果のＡ，Ｂ，Ｃを数値に置き換えて総括する場合**

何回か行った評価結果Ａ，Ｂ，Ｃを，例えばＡ＝3，Ｂ＝2，Ｃ＝1のように数値によって表し，合計したり平均したりする総括の方法である。例えば，総括の結果をＢとする範囲を［2.5≧平均値≧1.5］とすると，「ＡＢＢ」の平均値は，約2.3［（3＋2＋2）÷3］で総括の結果はＢとなる。

なお，評価の各節目のうち特定の時点に重きを置いて評価を行う場合など，この例のような平均値による方法以外についても様々な総括の方法が考えられる。

（6）観点別学習状況の評価の評定への総括

評定は，各教科の観点別学習状況の評価を総括した数値を示すものである。評定は，児童生徒がどの教科の学習に望ましい学習状況が認められ，どの教科の学習に課題が

認められるのかを明らかにすることにより，教育課程全体を見渡した学習状況の把握と指導や学習の改善に生かすことを可能とするものである。

評定への総括は，学期末や学年末などに行われることが多い。学年末に評定へ総括する場合には，学期末に総括した評定の結果を基にする場合と，学年末に観点ごとに総括した結果を基にする場合が考えられる。

観点別学習状況の評価の評定への総括は，各観点の評価結果をＡ，Ｂ，Ｃの組合せ，又は，Ａ，Ｂ，Ｃを数値で表したものに基づいて総括し，その結果を小学校では３段階，中学校では５段階で表す。

Ａ，Ｂ，Ｃの組合せから評定に総括する場合，各観点とも同じ評価がそろう場合は，小学校については，「ＢＢＢ」であれば２を基本としつつ，「ＡＡＡ」であれば３，「ＣＣＣ」であれば１とするのが適当であると考えられる。中学校については，「ＢＢＢ」であれば３を基本としつつ，「ＡＡＡ」であれば５又は４，「ＣＣＣ」であれば２又は１とするのが適当であると考えられる。それ以外の場合は，各観点のＡ，Ｂ，Ｃの数の組合せから適切に評定することができるようあらかじめ各学校において決めておく必要がある。

なお，観点別学習状況の評価結果は，「十分満足できる」状況と判断されるものをＡ，「おおむね満足できる」状況と判断されるものをＢ，「努力を要する」状況と判断されるものをＣのように表されるが，そこで表された学習の実現状況には幅があるため，機械的に評定を算出することは適当ではない場合も予想される。

また，評定は，小学校については，小学校学習指導要領等に示す各教科の目標に照らして，その実現状況を「十分満足できる」状況と判断されるものを３，「おおむね満足できる」状況と判断されるものを２，「努力を要する」状況と判断されるものを１，中学校については，中学校学習指導要領等に示す各教科の目標に照らして，その実現状況を「十分満足できるもののうち，特に程度が高い」状況と判断されるものを５，「十分満足できる」状況と判断されるものを４，「おおむね満足できる」状況と判断されるものを３，「努力を要する」状況と判断されるものを２，「一層努力を要する」状況と判断されるものを１という数値で表される。しかし，この数値を児童生徒の学習状況について三つ（小学校）又は五つ（中学校）に分類したものとして捉えるのではなく，常にこの結果の背景にある児童生徒の具体的な学習の実現状況を思い描き，適切に捉えることが大切である。評定への総括に当たっては，このようなことも十分に検討する必要がある[13]。

なお，各学校では観点別学習状況の評価の観点ごとの総括及び評定への総括の考え

---

[13] 改善等通知では，「評定は各教科の学習の状況を総括的に評価するものであり，『観点別学習状況』において掲げられた観点は，分析的な評価を行うものとして，各教科の評定を行う場合において基本的な要素となるものであることに十分留意する。その際，評定の適切な決定方法等については，各学校において定める。」と示されている。（P.7，8参照）

方や方法について，教師間で共通理解を図り，児童生徒及び保護者に十分説明し理解を
得ることが大切である。

2 総合的な学習の時間における評価規準の作成及び評価の実施等について
（1）総合的な学習の時間の「評価の観点」について

　平成 29 年改訂学習指導要領では，各教科等の目標や内容を「知識及び技能」，「思考
力，判断力，表現力等」，「学びに向かう力，人間性等」の資質・能力の三つの柱で再整
理しているが，このことは総合的な学習の時間においても同様である。

　総合的な学習の時間においては，学習指導要領が定める目標を踏まえて各学校が目
標や内容を設定するという総合的な学習の時間の特質から，各学校が観点を設定する
という枠組みが維持されている。一方で，各学校が目標や内容を定める際には，学習指
導要領において示された以下について考慮する必要がある。

【各学校において定める目標】
・　各学校において定める目標については，各学校における教育目標を踏まえ，総合的な学習の時間を通して育成を目指す資質・能力を示すこと。　　　　　（第2の3⑴）

　総合的な学習の時間を通して育成を目指す資質・能力を示すとは，各学校における教
育目標を踏まえて，各学校において定める目標の中に，この時間を通して育成を目指す
資質・能力を，三つの柱に即して具体的に示すということである。

【各学校において定める内容】
・　探究課題の解決を通して育成を目指す具体的な資質・能力については，次の事項に配慮すること。 　ア　知識及び技能については，他教科等及び総合的な学習の時間で習得する知識及び技能が相互に関連付けられ，社会の中で生きて働くものとして形成されるようにすること。 　イ　思考力，判断力，表現力等については，課題の設定，情報の収集，整理・分析，まとめ・表現などの探究的な学習の過程において発揮され，未知の状況において活用できるものとして身に付けられるようにすること。 　ウ　学びに向かう力，人間性等については，自分自身に関すること及び他者や社会との関わりに関することの両方の視点を踏まえること。　　　　　（第2の3⑹）

　各学校において定める内容について，今回の改訂では新たに，「目標を実現するにふ
さわしい探究課題」，「探究課題の解決を通して育成を目指す具体的な資質・能力」の二
つを定めることが示された。「探究課題の解決を通して育成を目指す具体的な資質・能
力」とは，各学校において定める目標に記された資質・能力を，各探究課題に即して具
体的に示したものであり，教師の適切な指導の下，児童生徒が各探究課題の解決に取り
組む中で，育成することを目指す資質・能力のことである。この具体的な資質・能力も，
「知識及び技能」，「思考力，判断力，表現力等」，「学びに向かう力，人間性等」という

資質・能力の三つの柱に即して設定していくことになる。

このように，各学校において定める目標と内容には，三つの柱に沿った資質・能力が明示されることになる。

したがって，資質・能力の三つの柱で再整理した新学習指導要領の下での指導と評価の一体化を推進するためにも，評価の観点についてこれらの資質・能力に関わる「知識・技能」，「思考・判断・表現」，「主体的に学習に取り組む態度」の3観点に整理し示したところである。

（2）総合的な学習の時間の「内容のまとまり」の考え方

学習指導要領の第2の2では，「各学校においては，第1の目標を踏まえ，各学校の総合的な学習の時間の内容を定める。」とされており，各教科のようにどの学年で何を指導するのかという内容を明示していない。これは，各学校が，学習指導要領が定める目標の趣旨を踏まえて，地域や学校，児童生徒の実態に応じて，創意工夫を生かした内容を定めることが期待されているからである。

この内容の設定に際しては，前述したように「目標を実現するにふさわしい探究課題」，「探究課題の解決を通して育成を目指す具体的な資質・能力」の二つを定めることが示され，探究課題としてどのような対象と関わり，その探究課題の解決を通して，どのような資質・能力を育成するのかが内容として記述されることになる。（図7参照）

図7

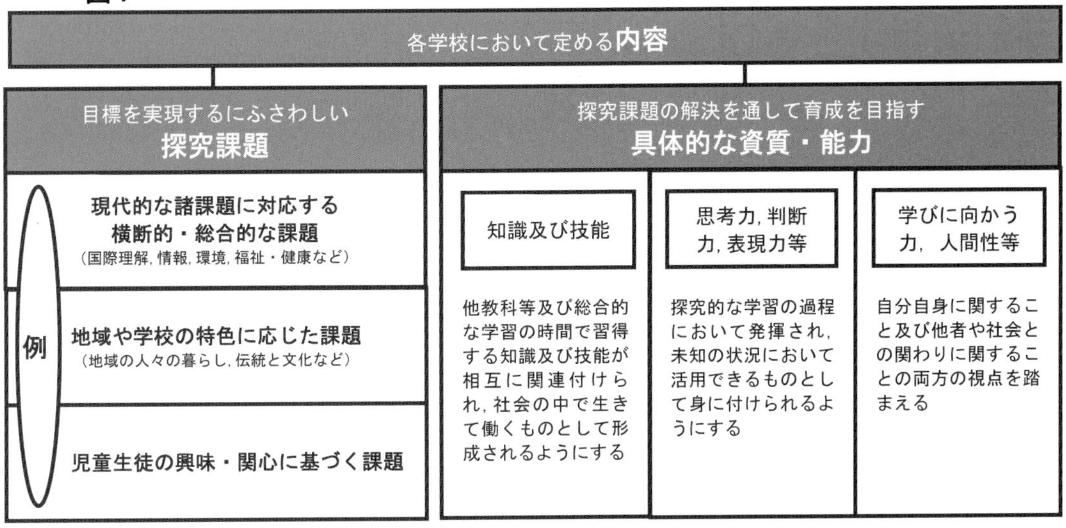

本参考資料第1編第2章の1（2）では，「内容のまとまり」について，「学習指導要領に示す各教科等の『第2　各学年の目標及び内容　2　内容』の項目等をそのまとまりごとに細分化したり整理したりしたもので，『内容のまとまり』ごとに育成を目指す資質・能力が示されている」と説明されている。

したがって，総合的な学習の時間における「内容のまとまり」とは，全体計画に示した「目標を実現するにふさわしい探究課題」のうち，一つ一つの探究課題とその探究課題に応じて定めた具体的な資質・能力と考えることができる。

（3）「内容のまとまりごとの評価規準」を作成する際の基本的な手順

総合的な学習の時間における，「内容のまとまりごとの評価規準」を作成する際の基本的な手順は以下のとおりである。

---

① 各学校において定めた目標（第2の1）と「評価の観点及びその趣旨」を確認する。

---

② 各学校において定めた内容の記述（「内容のまとまり」として探究課題ごとに作成した「探究課題の解決を通して育成を目指す具体的な資質・能力」）が，観点ごとにどのように整理されているかを確認する。

---

③【観点ごとのポイント】を踏まえ，「内容のまとまりごとの評価規準」を作成する。

3　特別活動の「評価の観点」とその趣旨，並びに評価規準の作成及び評価の実施等について

（1）特別活動の「評価の観点」とその趣旨について

特別活動においては，改善等通知において示されたように，特別活動の特質と学校の創意工夫を生かすということから，設置者ではなく，「各学校で評価の観点を定める」ものとしている。本参考資料では「評価の観点」とその趣旨の設定について示している。

（2）特別活動の「内容のまとまり」

小学校においては，学習指導要領の内容の〔学級活動〕「（1）学級や学校における生活づくりへの参画」，「（2）日常の生活や学習への適応と自己の成長及び健康安全」，「（3）一人一人のキャリア形成と自己実現」，〔児童会活動〕，〔クラブ活動〕，〔学校行事〕（1）儀式的行事，（2）文化的行事，（3）健康安全・体育的行事，（4）遠足・集団宿泊的行事，（5）勤労生産・奉仕的行事を「内容のまとまり」とした。

中学校においては，学習指導要領の内容の〔学級活動〕「（1）学級や学校における生活づくりへの参画」，「（2）日常の生活や学習への適応と自己の成長及び健康安全」，「（3）一人一人のキャリア形成と自己実現」，〔生徒会活動〕，〔学校行事〕（1）儀式的行事，（2）文化的行事，（3）健康安全・体育的行事，（4）旅行・集団宿泊的行事，（5）勤労生産・奉仕的行事を「内容のまとまり」とした。

（3）特別活動の「評価の観点」とその趣旨，並びに「内容のまとまりごとの評価規準」を作成する際の基本的な手順

各学校においては，学習指導要領に示された特別活動の目標及び内容を踏まえ，自校の実態に即し，改善等通知の例示を参考に観点を作成する。その際，例えば，特別活動の特質や学校として重点化した内容を踏まえて，具体的な観点を設定することが考えられる。

　また，学習指導要領解説では，各活動・学校行事の内容ごとに育成を目指す資質・能力が例示されている。そこで，学習指導要領で示された「各活動・学校行事の目標」及び学習指導要領解説で例示された「資質・能力」を確認し，各学校の実態に合わせて育成を目指す資質・能力を重点化して設定する。

　次に，各学校で設定した，各活動・学校行事で育成を目指す資質・能力を踏まえて，「内容のまとまりごとの評価規準」を作成する。その際，小学校の学級活動においては，学習指導要領で示した「各学年段階における配慮事項」や，学習指導要領解説に示した「発達の段階に即した指導のめやす」を踏まえて，低・中・高学年ごとに評価規準を作成することが考えられる。基本的な手順は以下のとおりである。

---

① 　学習指導要領の「特別活動の目標」と改善等通知を確認する。

② 　学習指導要領の「特別活動の目標」と自校の実態を踏まえ，改善等通知の例示を参考に，特別活動の「評価の観点」とその趣旨を設定する。

③ 　学習指導要領の「各活動・学校行事の目標」及び学習指導要領解説特別活動編（平成 29 年 7 月）で例示した「各活動・学校行事における育成を目指す資質・能力」を参考に，各学校において育成を目指す資質・能力を重点化して設定する。

④ 　【観点ごとのポイント】を踏まえ，「内容のまとまりごとの評価規準」を作成する。

（参考）平成 23 年「評価規準の作成，評価方法等の工夫改善のための参考資料」からの変更点について

　今回作成した本参考資料は，平成 23 年の「評価規準の作成，評価方法等の工夫改善のための参考資料」を踏襲するものであるが，以下のような変更点があることに留意が必要である[14]。

　まず，平成 23 年の参考資料において使用していた「評価規準に盛り込むべき事項」や「評価規準の設定例」については，報告において「現行の参考資料のように評価規準を詳細に示すのではなく，各教科等の特質に応じて，学習指導要領の規定から評価規準を作成する際の手順を示すことを基本とする」との指摘を受け，第 2 編において示すことを改め，本参考資料の第 3 編における事例の中で，各教科等の事例に沿った評価規準を例示したり，その作成手順等を紹介したりする形に改めている。

　次に，本参考資料の第 2 編に示す「内容のまとまりごとの評価規準」は，平成 23 年の「評価規準の作成，評価方法等の工夫改善のための参考資料」において示した「評価規準に盛り込むべき事項」と作成の手順を異にする。具体的には，「評価規準に盛り込むべき事項」は，平成 20 年改訂学習指導要領における各教科等の目標，各学年（又は分野）の目標及び内容の記述を基に，学習評価及び指導要録の改善通知で示している各教科等の評価の観点及びその趣旨，学年（又は分野）別の評価の観点の趣旨を踏まえて作成したものである。

　また，平成 23 年の参考資料では「評価規準に盛り込むべき事項」をより具体化したものを「評価規準の設定例」として示している。「評価規準の設定例」は，原則として，学習指導要領の各教科等の目標，学年（又は分野）別の目標及び内容のほかに，当該部分の学習指導要領解説（文部科学省刊行）の記述を基に作成していた。他方，本参考資料における「内容のまとまりごとの評価規準」については，平成 29 年改訂の学習指導要領の目標及び内容が育成を目指す資質・能力に関わる記述で整理されたことから，既に確認のとおり，そこでの「内容のまとまり」ごとの記述を，文末を変換するなどにより評価規準とすることを可能としており，学習指導要領の記載と表裏一体をなす関係にあると言える。

　さらに，「主体的に学習に取り組む態度」の「各教科等・各学年等の評価の観点の趣旨」についてである。前述のとおり，従前の「関心・意欲・態度」の観点から「主体的に学習に取り組む態度」の観点に改められており，「主体的に学習に取り組む態度」の観点に関しては各学年（又は分野）の「1　目標」を参考にしつつ，必要に応じて，改善等通知別紙 4 に示された学年（又は分野）別の評価の観点の趣旨のうち「主体的に学習に取り組む態度」に関わる部分を用いて「内容のまとまりごとの評価規準」を作成する必要がある。

---

[14] 特別活動については，これまでも三つの観点に基づいて児童生徒の資質・能力の育成を目指し，指導に生かしてきたところであり，上記の変更点に該当するものではないことに留意が必要である。

報告にあるとおり，「主体的に学習に取り組む態度」は，現行の「関心・意欲・態度」の観点の本来の趣旨であった，各教科等の学習内容に関心をもつことのみならず，よりよく学ぼうとする意欲をもって学習に取り組む態度を評価することを改めて強調するものである。また，本観点に基づく評価としては，「主体的に学習に取り組む態度」に係る各教科等の評価の観点の趣旨に照らし，

 ① 知識及び技能を獲得したり，思考力，判断力，表現力等を身に付けたりすることに向けた粘り強い取組を行おうとする側面と，

 ② ①の粘り強い取組を行う中で，自らの学習を調整しようとする側面，

という二つの側面を評価することが求められるとされた[15]。

 以上の点から，今回の改善等通知で示した「主体的に学習に取り組む態度」の「各教科等・各学年等の評価の観点の趣旨」は，平成22年通知で示した「関心・意欲・態度」の「各教科等・各学年等の評価の観点の趣旨」から改められている。

---

[15] 各教科等によって，評価の対象に特性があることに留意する必要がある。例えば，体育・保健体育科の運動に関する領域においては，公正や協力などを，育成する「態度」として学習指導要領に位置付けており，各教科等の目標や内容に対応した学習評価が行われることとされている。

第2編

「内容のまとまりごとの評価規準」
を作成する際の手順

1　小学校体育科の「内容のまとまり」

小学校体育科における「内容のまとまり」は，以下のようになっている。

〔第1学年及び第2学年〕

A　体つくりの運動遊び

B　器械・器具を使っての運動遊び

C　走・跳の運動遊び

D　水遊び

E　ゲーム

F　表現リズム遊び

〔第3学年及び第4学年〕

A　体つくり運動

B　器械運動

C　走・跳の運動

D　水泳運動

E　ゲーム

F　表現運動

G　保健(1)　健康な生活

G　保健(2)　体の発育・発達

〔第5学年及び第6学年〕

A　体つくり運動

B　器械運動

C　陸上運動

D　水泳運動

E　ボール運動

F　表現運動

G　保健(1)　心の健康

G　保健(2)　けがの防止

G　保健(3)　病気の予防

2　小学校体育科における「内容のまとまりごとの評価規準」作成の手順

　ここでは，第1学年及び第2学年の「B　器械・器具を使っての運動遊び」，第5学年の「けがの防止」を取り上げて，「内容のまとまりごとの評価規準」作成の手順を説明する。

　まず，学習指導要領に示された教科及び学年の目標を踏まえて，「評価の観点及びその趣旨」が作成されていることを理解する。その上で，①及び②の手順を踏む。

＜例1　第1学年及び第2学年の「B　器械・器具を使っての運動遊び」＞

【小学校学習指導要領 第2章 第9節　体育「第1 目標」】

　体育や保健の見方・考え方を働かせ，課題を見付け，その解決に向けた学習過程を通して，心と体を一体として捉え，生涯にわたって心身の健康を保持増進し豊かなスポーツライフを実現するための資質・能力を次のとおり育成することを目指す。

（1）	（2）	（3）
その特性に応じた各種の運動の行い方及び身近な生活における健康・安全について理解するとともに，基本的な動きや技能を身に付けるようにする。	運動や健康についての自己の課題を見付け，その解決に向けて思考し判断するとともに，他者に伝える力を養う。	運動に親しむとともに健康の保持増進と体力の向上を目指し，楽しく明るい生活を営む態度を養う。

（小学校学習指導要領 P.142）

【改善等通知 別紙4　体育・保健体育（1）評価の観点及びその趣旨　＜小学校　体育＞】

知識・技能	思考・判断・表現	主体的に学習に取り組む態度
各種の運動の行い方について理解しているとともに，基本的な動きや技能を身に付けている。また，身近な生活における健康・安全について実践的に理解しているとともに，基本的な技能を身に付けている。	自己の運動の課題を見付け，その解決のための活動を工夫しているとともに，それらを他者に伝えている。また，身近な生活における健康に関する課題を見付け，その解決を目指して思考し判断しているとともに，それらを他者に伝えている。	運動の楽しさや喜びを味わうことができるよう，運動に進んで取り組もうとしている。また，健康を大切にし，自己の健康の保持増進についての学習に進んで取り組もうとしている。

（改善等通知　別紙4　P.19）

【小学校学習指導要領 第2章 第9節　体育「第2　各学年の目標及び内容」

〔第1学年及び第2学年〕　1　目標】

（1）	（2）	（3）
各種の運動遊びの楽しさに触れ，その行い方を知るとともに，基本的な動きを身に付けるようにする。	各種の運動遊びの行い方を工夫するとともに，考えたことを他者に伝える力を養う。	各種の運動遊びに進んで取り組み，きまりを守り誰とでも仲よく運動をしたり，健康・安全に留意したりし，意欲的に運動をする態度を養う。

（小学校学習指導要領 P.142）

【改善等通知 別紙4　体育・保健体育（2）学年・分野別の評価の観点の趣旨

＜小学校　体育＞第1学年及び第2学年】

知識・技能	思考・判断・表現	主体的に学習に取り組む態度
各種の運動遊びの行い方について知っているとともに，基本的な動きを身に付けている。	各種の運動遊びの行い方を工夫しているとともに，考えたことを他者に伝えている。	各種の運動遊びの楽しさに触れることができるよう，各種の運動遊びに進んで取り組もうとしている。

（改善等通知　別紙4　P.19）

① 各教科における「内容のまとまり」と「評価の観点」との関係を確認する。

B　器械・器具を使っての運動遊び

　　器械・器具を使っての運動遊びについて，次の事項を身に付けることができるよう指導する。

(1) 次の運動遊びの楽しさに触れ，その行い方を知るとともに，その動きを身に付けること。

　　ア　固定施設を使った運動遊びでは，登り下りや懸垂移行，渡り歩きや跳び下りをすること。

　　イ　マットを使った運動遊びでは，いろいろな方向への転がり，手で支えての体の保持や回転をすること。

　　ウ　鉄棒を使った運動遊びでは，支持しての揺れや上がり下り，ぶら下がりや易しい回転をすること。

　　エ　跳び箱を使った運動遊びでは，跳び乗りや跳び下り，手を着いてのまたぎ乗りやまたぎ下りをすること。

(2) 器械・器具を用いた簡単な遊び方を工夫するとともに，考えたことを友達に伝えること。

(3) 運動遊びに進んで取り組み，順番やきまりを守り誰とでも仲よく運動をしたり，場や器械・器具の安全に気を付けたりすること。

> 　(下線)…知識及び技能に関する内容
> 　(波線)…思考力，判断力，表現力等に関する内容
> 　(破線)…学びに向かう力，人間性等に関する内容

② 【観点ごとのポイント】を踏まえ，「内容のまとまりごとの評価規準」を作成する。

（1）「内容のまとまりごとの評価規準」を作成する際の【観点ごとのポイント】

○「知識・技能」のポイント

・「知識」については，学習指導要領の内容の「(1) 次の運動遊びの楽しさに触れ，その行い方を知るとともに，その動きを身に付けること。」の「その行い方を知る」と示している部分が該当し，評価規準は，「～の行い方を知っている。」として作成することができる。

・「技能」については，「その動きを身に付ける」と示している部分が該当し，評価規準は，「～の動きを身に付けている。」として作成することができる。

○「思考・判断・表現」のポイント

・「思考・判断」については，学習指導要領の内容の「(2) 器械・器具を用いた簡単な遊び方を工夫するとともに，考えたことを友達に伝えること。」の「器械・器具を用いた簡単な遊び方を工夫する」と示している部分が該当し，評価規準は，「器械・器具を用いた簡単な遊び方を工夫している。」として作成することができる。

・「表現」については，「考えたことを友達に伝えること。」と示している部分が該当し，評価規準は，「考えたことを友達に伝えている。」として作成することができる。

○「主体的に学習に取り組む態度」のポイント

・「主体的に学習に取り組む態度」については，学習指導要領の内容の「(3) 運動遊びに進んで取り組み，順番やきまりを守り誰とでも仲よく運動をしたり，場や器械・器具の安全に気を付けたりすること。」のすべてが該当し，評価規準は，「運動遊びに進んで取り組もうとし，順番やきまりを守り誰とでも仲よく運動をしようとしていたり，場や器械・器具の安全に気を付けたりしている。」として作成することができる。

（2）学習指導要領の「2　内容」 及び 「内容のまとまりごとの評価規準（例）」

学習指導要領 2 内容	器械・器具を使っての運動遊びについて，次の事項を身に付けることができるよう指導する。		
	知識及び技能	思考力，判断力，表現力等	学びに向かう力，人間性等
	(1)　次の運動遊びの楽しさに触れ，その行い方を知るとともに，その動きを身に付けること。 　ア　固定施設を使った運動遊びでは，登り下りや懸垂移行，渡り歩きや跳び下りをすること。 　イ　マットを使った運動遊びでは，いろいろな方向への転がり，手で支えての体の保持や回転をすること。 　ウ　鉄棒を使った運動遊びでは，支持しての揺れや上がり下り，ぶら下がりや易しい回転をすること。 　エ　跳び箱を使った運動遊びでは，跳び乗りや跳び下り，手を着いてのまたぎ乗りやまたぎ下りをすること。	(2)　器械・器具を用いた簡単な遊び方を工夫するとともに，考えたことを友達に伝えること。	(3)　運動遊びに進んで取り組み，順番やきまりを守り誰とでも仲よく運動をしたり，場や器械・器具の安全に気を付けたりすること。

	知識・技能	思考・判断・表現	主体的に学習に取り組む態度
内容のまとまりごとの評価規準 例	次の運動遊びの行い方を知っているとともに，その動きを身に付けている。 ・固定施設を使った運動遊びでは，登り下りや懸垂移行，渡り歩きや跳び下りをしている。 ・マットを使った運動遊びでは，いろいろな方向への転がり，手で支えての体の保持や回転をしている。 ・鉄棒を使った運動遊びでは，支持しての揺れや上がり下り，ぶら下がりや易しい回転をしている。 ・跳び箱を使った運動遊びでは，跳び乗りや跳び下り，手を着いてのまたぎ乗りやまたぎ下りをしている。	器械・器具を用いた簡単な遊び方を工夫しているとともに，考えたことを友達に伝えている。	運動遊びに進んで取り組もうとし，順番やきまりを守り誰とでも仲よく運動をしようとしていたり，場や器械・器具の安全に気を付けたりしている。

＜例２　第５学年の「けがの防止」＞

【小学校学習指導要領 第２章 第９節　体育「第１ 目標」】及び【改善等通知 別紙４　体育・保健体育（１）評価の観点及びその趣旨　＜小学校　体育＞】

　　＜例１＞と同様のため省略

【小学校学習指導要領 第２章 第９節　体育「第２ 各学年の目標及び内容」

〔第５学年及び第６学年〕 １ 目標】

（１）	（２）	（３）
各種の運動の楽しさや喜びを味わい，その行い方及び心の健康やけがの防止，病気の予防について理解するとともに，各種の運動の特性に応じた基本的な技能及び健康で安全な生活を営むための技能を身に付けるようにする。	自己やグループの運動の課題や身近な健康に関わる課題を見付け，その解決のための方法や活動を工夫するとともに，自己や仲間の考えたことを他者に伝える力を養う。	各種の運動に積極的に取り組み，約束を守り助け合って運動をしたり，仲間の考えや取組を認めたり，場や用具の安全に留意したりし，自己の最善を尽くして運動をする態度を養う。また，健康・安全の大切さに気付き，自己の健康の保持増進や回復に進んで取り組む態度を養う。

(小学校学習指導要領 P.149)

【改善等通知 別紙４　体育・保健体育（２）学年・分野別の評価の観点の趣旨

＜小学校　体育＞第５学年及び第６学年】

知識・技能	思考・判断・表現	主体的に学習に取り組む態度
各種の運動の行い方について理解しているとともに，各種の運動の特性に応じた基本的な技能を身に付けている。また，心の健康やけがの防止，病気の予防について理解しているとともに，健康で安全な生活を営むための技能を身に付けている。	自己やグループの運動の課題を見付け，その解決のための活動を工夫しているとともに，自己や仲間の考えたことを他者に伝えている。また，身近な健康に関わる課題を見付け，その解決のための方法や活動を工夫しているとともに，自己や仲間の考えたことを他者に伝えている。	各種の運動の楽しさや喜びを味わうことができるよう，各種の運動に積極的に取り組もうとしている。また，健康・安全の大切さに気付き，自己の健康の保持増進や回復についての学習に進んで取り組もうとしている。

(改善等通知　別紙４　P.20)

① 各教科における「内容のまとまり」と「評価の観点」との関係を確認する。

G　保健

(2) けがの防止について，課題を見付け，その解決を目指した活動を通して，次の事項を身に付けることができるよう指導する。

　　ア　けがの防止に関する次の事項を理解するとともに，けがなどの簡単な手当をすること。

　　　　(ｱ)　交通事故や身の回りの生活の危険が原因となって起こるけがの防止には，周囲の危険に気付くこと，的確な判断の下に安全に行動すること，環境を安全に整えることが必要であること。

　　　　(ｲ)　けがなどの簡単な手当は，速やかに行う必要があること。

　　イ　けがを防止するために，危険の予測や回避の方法を考え，それらを表現すること。

(下線)…知識及び技能に関する内容 (波線)…思考力，判断力，表現力等に関する内容

② 【観点ごとのポイント】を踏まえ，「内容のまとまりごとの評価規準」を作成する。

（1）「内容のまとまりごとの評価規準」を作成する際の【観点ごとのポイント】

○「知識・技能」のポイント

　・「知識」については，学習指導要領の内容の「(1) けがの防止について理解するとともに，けがなどの簡単な手当をすること。」として示されている部分のうち，「けがの防止について理解する」と示している部分が該当し，評価規準は「けがの防止について理解している。」として作成することができる。また，「技能」については，「けがなどの簡単な手当をすること。」と示している部分が該当し，評価規準は「けがなどの簡単な手当についての技能を身に付けている。」として作成することができる。

○「思考・判断・表現」のポイント

　・「思考・判断」については，学習指導要領の内容の「(2) けがを防止するために，危険の予測や回避の方法を考え，それらを表現すること。」として示されている部分の「けがを防止するために，危険の予測や回避の方法を考え」と示されている部分が該当し，評価規準は「けがを防止するために，危険の予測や回避の方法を考えている。」として作成することができる。また，「表現」については，「それらを表現すること。」と示している部分が該当し，評価規準は「〜について考えているとともに，それらを表現している。」として作成することができる。

○「主体的に学習に取り組む態度」のポイント

　・保健領域では，学習指導要領に「学びに向かう力，人間性等」に関する内容が示されていないことから，第5学年及び第6学年の目標である「健康・安全の大切さに気付き，自己の健康の保持増進や回復に進んで取り組む態度を養う。」と示している部分を参考にする。「主体的に学習に取り組む態度」については「〜に進んで取り組む態度を養う。」と示している部分を踏まえ，評価規準は，「けがの防止についての学習に進んで取り組もうとしている。」として作成することができる。

（2）学習指導要領の「2　内容」及び「内容のまとまりごとの評価規準（例）」

	知識及び技能	思考力，判断力，表現力等	学びに向かう力，人間性等
学習指導要領　2　内容	ア　けがの防止に関する次の事項を理解するとともに，けがなどの簡単な手当をすること。 （ア）交通事故や身の回りの生活の危険が原因となって起こるけがの防止には，周囲の危険に気付くこと，的確な判断の下に安全に行動すること，環境を安全に整えることが必要であること。 （イ）けがなどの簡単な手当は，速やかに行う必要があること。	イ　けがを防止するために，危険の予測や回避の方法を考え，それらを表現すること。	※内容には，学びに向かう力，人間性等について示されていないことから，該当学年の目標(3)を参考にする。

	知識・技能	思考・判断・表現	主体的に学習に取り組む態度
内容のまとまりごとの評価規準　例	・交通事故や身の回りの生活の危険が原因となって起こるけがの防止には，周囲の危険に気付くこと，的確な判断の下に安全に行動すること，環境を安全に整えることが必要であることを理解している。 ・けがなどの簡単な手当について，速やかに行う必要があることを理解しているとともに，技能を身に付けている。	けがを防止するために，危険の予測や回避の方法を考えているとともに，それらを表現している。	健康や安全の大切さに気付き，けがの防止についての学習に進んで取り組もうとしている。 ※必要に応じて学年別の評価の観点の趣旨（「主体的に学習に取り組む態度」に関わる部分）等を用いて作成する。

第３編

単元ごとの学習評価について
（事例）

第1章　「内容のまとまりごとの評価規準」の考え方を踏まえた評価規準の作成

1　本編事例における学習評価の進め方について

　単元における観点別学習状況の評価を実施するに当たり，まずは年間の指導と評価の計画を確認することが重要である。その上で，学習指導要領の目標や内容，「内容のまとまりごとの評価規準」の考え方等を踏まえ，以下のように進めることが考えられる。なお，複数の単元にわたって評価を行う場合など，以下の方法によらない事例もあることに留意する必要がある。

第3編

評価の進め方	留意点
1 単元の目標を作成する	○　学習指導要領の目標や内容，学習指導要領解説等を踏まえて作成する。 ○　児童の実態，前単元までの学習状況等を踏まえて作成する。 ※　単元の目標及び評価規準の関係性（イメージ）については下図参照
2 単元の評価規準を作成する	
3 「指導と評価の計画」を作成する	○　1，2を踏まえ，評価場面や評価方法等を計画する。 ○　どのような評価資料（児童の反応やノート，ワークシート，作品等）を基に，「おおむね満足できる」状況（B）と評価するかを考えたり，「努力を要する」状況（C）への手立て等を考えたりする。
授業を行う	○　3に沿って観点別学習状況の評価を行い，児童の学習改善や教師の指導改善につなげる。
4 観点ごとに総括する	○　集めた評価資料やそれに基づく評価結果などから，観点ごとの総括的評価（A，B，C）を行う。

2 単元の評価規準の作成のポイント

　「内容のまとまりごとの評価規準」以降は，第1編及び第2編に示した基本的な手順の流れを踏まえ，各教科等の特質に応じた形で作成することとなる。学習指導要領の目標に照らして観点別学習状況の評価を行うに当たり，児童が資質・能力を身に付けた状態を表すために，「2　内容」の記載事項の文末を「～すること」から「～している」と変換したもの等を，本参考資料において「内容のまとまりごとの評価規準」と呼んでいる。(第1編　p.14参照)

　各学校で指導計画を作成するに当たっては，小学校の6年間を見通した上で目標や内容を的確に定め，調和のとれた具体的な計画を作成する必要がある。また，児童や各学校の実態に応じて，実際の授業を構想し，育成を目指す資質・能力を的確に反映させることが求められる。そのため，学習指導要領の目標や内容，「内容のまとまりごとの評価規準」等を十分考慮した上で，各学校において，いわゆる単元の目標や内容とともに，「単元の評価規準」を作成しておく必要がある。

　本事例では，以下に，運動領域と保健領域に分けて，「内容のまとまりごとの評価規準」及び「単元の評価規準」の関係や「単元の評価規準」の作成の仕方等について解説する。

　体育科においては，体育や保健の見方・考え方を働かせることを通して，各種の運動がもたらす体の健康への効果はもとより，心の健康も運動と密接に関連していることを実感できるようにし，生涯にわたって心身の健康を保持増進し豊かなスポーツライフを実現するための資質・能力を育むことが大切である。そのため，運動領域と保健領域で示された内容については，相互の関連が図られるよう留意するとともに，年間指導計画の作成や指導内容の充実に当たって，運動領域と保健領域の関連を図った指導が重要である。

1　運動領域

　運動領域においては，「内容のまとまりごとの評価規準」をもとに，小学校学習指導要領（平成29年告示）解説（以下，解説）の表記などを用いて学習活動レベルに対応した「単元の評価規準」を作成する。これは，これまでの「学習活動に即した評価規準」と同じ性質をもつものといえる。そのため，本事例では，「学習活動に即した評価規準」は別途提示しないこととした。

「単元の評価規準」の作成の考え方

ア　本事例における「単元」の考え方

　答申では「単元とは，各教科等において，一定の目標や主題を中心として組織された学習内容の有機的な一まとまりのこと」としている。

　本事例においては，各学校の年間指導計画に配当された，各学年の領域や領域の内容等の一まとまりを「単元」として扱う。

イ　「内容のまとまりごとの評価規準」，「単元の評価規準」の関係性

　「内容のまとまりごとの評価規準」，「単元の評価規準」との関係性については，次に示したとおりとなる。

運動領域

**学習指導要領
「2　内容」**

内容のまとまりごとの評価規準

学習指導要領に示す目標及び内容「2　内容」の項目等をそのまとまりごとに細分化したり整理したりして示したもの

◆学習指導要領の「2　内容」の文末を変えて作成

**解説
「例示」等**

単元の評価規準

「内容のまとまりごとの評価規準」をもとに児童の実態等を考慮して設定したもの

◆解説の目標及び内容，改善等通知の「観点の趣旨」などを踏まえて作成

ウ　「内容のまとまりごとの評価規準」及び「単元の評価規準」作成のポイント

○まず，カリキュラム・マネジメントの視点から，低・中・高学年の各領域の全体像を俯瞰し，2学年にわたっての指導によって，各領域の内容が身に付いた姿を「内容のまとまりごとの評価規準」として設定することで明らかにする。

○次に，実際の指導計画を考慮し，児童の学びの姿としてより具体化した「単元の評価規準」を作成する。

エ　「単元の評価規準」を作成する際のポイント

単元の評価規準は，児童の実態等を考慮しつつ，「内容のまとまりごとの評価規準」を踏まえて作成する。本事例では，文末を以下のとおりに変えることで評価規準を作成している。

○「知識・技能」のポイント
・「知識」については，文末を「～している」として，評価規準を作成する。
・「技能」については，文末を「～できる」として，評価規準を作成する。
○「思考・判断・表現」のポイント
・文末を「～している」として，評価規準を作成する。
○「主体的に学習に取り組む態度」のポイント
・「安全」に関する内容は，文末を「～している」として，評価規準を作成する。
・安全以外に関する内容は，文末を「～しようとしている」として，評価規準を作成する。

オ 「内容のまとまりごとの評価規準（例）」

　以下に，第3学年及び第4学年の「器械運動」の「内容のまとまりごとの評価規準（例）」を示す。

カ 「単元の評価規準（例）」

　基本的に，各学校における実際の指導計画に基づき，児童の学びの姿としてより具体化した「単元の評価規準」を作成する。

　以下に，第3学年「跳び箱運動」を単元とした「単元の評価規準（例）」について示す。

「学習指導要領」→「内容のまとまりごとの評価規準（例）」→「単元の評価規準（例）」

		知識及び技能	思考力，判断力，表現力等	学びに向かう力，人間性等
学習指導要領 2 内容		(1) 次の運動の楽しさや喜びに触れ，その行い方を知るとともに，その技を身に付けること。 ウ 跳び箱運動では，切り返し系や回転系の基本的な技をすること。 ア，イ 省略	(2) 自己の能力に適した課題を見付け，技ができるようになるための活動を工夫するとともに，考えたことを友達に伝えること。	(3) 運動に進んで取り組み，きまりを守り誰とでも仲よく運動をしたり，友達の考えを認めたり，場や器械・器具の安全に気を付けたりすること。

		知識・技能	思考・判断・表現	主体的に学習に取り組む態度
内容のまとまりごとの評価規準 例		次の運動の行い方を知っているとともに，その技を身に付けている。 ・跳び箱運動では，切り返し系や回転系の基本的な技をしている。 ア，イに関する内容は省略	自己の能力に適した課題を見付け，技ができるようになるための活動を工夫しているとともに，考えたことを友達に伝えている。	運動に進んで取り組もうとし，きまりを守り誰とでも仲よく運動をしようとしていたり，友達の考えを認めようとしていたり，場や器械・器具の安全に気を付けたりしている。

		知識・技能	思考・判断・表現	主体的に学習に取り組む態度
		①跳び箱運動の行い方について，言ったり書いたりしている。	①上手くできたところやできなかったところを，学習カードや掲示物などの連	①回転したり，支持したりするなどの跳び箱運動の基本的な技に進んで取り組

単元の評価規準例	②助走から両足で踏み切り，足を左右に開いて着手し，跳び越えて着地することができる。 ③助走から両足で踏み切り，腰の位置を高く保って着手し，前方に回転して着地することができる。	続図に目印や色をつけたり，シールを貼ったりして，自己の能力に適した課題を見付けている。 ②手の着く位置や着地する位置，目線が向く場所などに目印をして，技のできばえを振り返り，自己の能力に適した課題を解決しやすい練習の場を選んでいる。 ③友達の手の着く位置や着地する位置，目線が向く場所に目印を置いて，動きのできばえを友達に伝えたり書いたりしている。	もうとしている。 ②場の正しい使い方や試技をする前の待ち方，技を観察するときなどのきまりを守り，誰とでも仲よく励まし合おうとしている。 ③場の準備や片付けを，友達と一緒にしようとしている。 ④動きや気付いたことを伝え合う際に，友達の考えを認めようとしている。 ⑤場の安全に気を付けている。

2 保健領域

> 保健領域においては，「内容のまとまりごとの評価規準」をもとに，解説の表記などを用いて学習活動レベルに対応した「単元の評価規準」作成する。これは，これまでの「学習活動に即した評価規準」と同じ性質をもつものといえる。そのため，本事例では，「学習活動に即した評価規準」は別途提示しないこととした。

「単元の評価規準」の作成の考え方

ア　本事例における「単元」の考え方

答申では「単元とは，各教科等において，一定の目標や主題を中心として組織された学習内容の有機的な一まとまりのこと」としている。

保健領域では，「内容のまとまり」をそのまま「単元」として捉える場合と，「内容のまとまり」をいくつかの「単元」に分けて単元設定する場合が想定される。

【小学校　保健領域】

内容のまとまり	単元設定例	学年	時数
（1）健康な生活	健康な生活	3	4
（2）体の発育・発達	体の発育・発達	4	4
（1）心の健康	心の健康	5	4
（2）けがの防止	けがの防止	5	4
（3）病気の予防	病気の予防	6	8

イ 「内容のまとまりごとの評価規準」,「単元の評価規準」の関係性を確認する。

　本事例においては基本的にこれらの例示をもとに評価規準を作成し,各学校において作成する「単元の評価規準」等の参考例を紹介していくこととした。

　学習指導要領と「内容のまとまりごとの評価規準」,解説と「単元の評価規準」との関係性については,次に示したとおりとなる。

保健領域

学習指導要領「2　内容」		**内容のまとまりごとの評価規準** 　学習指導要領に示す目標及び内容「2　内容」の項目等をそのまとまりごとに細分化したり整理したりして示したもの ◆学習指導要領の「2　内容」の文末を変えて作成
		↓
解説「例示」等		**単元の評価規準** 　「内容のまとまりごとの評価規準」を踏まえ,児童の実態等を考慮して設定したもの ◆学習指導要領解説の目標及び内容,改善等通知の「観点の趣旨」などを踏まえて作成

ウ 「単元の評価規準」を作成する際のポイント

　「単元の評価規準」は,児童の実態等を考慮しつつ,「内容のまとまりごとの評価規準」を踏まえ作成する。本事例では,「知識・技能」「思考・判断・表現」については学習指導要領解説の内容,「主体的に学習に取り組む態度」については改善等通知の「観点の趣旨」を踏まえるとともに,文末を以下のとおりに変えることで評価規準を作成している。

○「知識・技能」のポイント

　学習指導要領解説における「2　内容」の記載を基に評価規準を作成する。その際,保健の技能はその行い方(対処の仕方)についての知識の習得と併せて指導することが大切であるため,原則や概念に関する知識に加えて,該当する技能についての行い方(対処の仕方)に関する知識も評価規準に加筆することも考えられる。

・「知識」については,解説の「〜理解している」と記載してある部分の文末を「〜について,理解したことを言ったり書いたりしている」として,評価規準を作成する。

・「技能」については,解説の「〜できるようにする」と記載してある部分の文末を「〜(行い方・対処)について,理解したことを言ったり書いたりしているとともに,(〜が)できる」として,評価規準を作成する。

○「思考・判断・表現」のポイント

学習指導要領解説における「2　内容」の「思考力，判断力，表現力等」に関する記載を基に評価規準を作成する。その際，〔例示〕に記載された内容を踏まえるとともに，実際の学習活動に合わせ，文末を「～している」として，作成する。

○「主体的に学習に取り組む態度」のポイント

改善等通知における「主体的に学習に取り組む態度」の「評価の観点及びその趣旨」に示された内容等を踏まえ，文末を「～しようとしている」として，評価規準を作成する。

エ　「内容のまとまりごとの評価規準（例）」及び「単元の評価規準（例）」

以下に，第5学年の「けがの防止」の「内容のまとまりごとの評価規準（例）」及び「単元の評価規準（例）」を示す。

「学習指導要領」→「内容のまとまりごとの評価規準（例）」→「単元の評価規準（例）」

	知識及び技能	思考力，判断力，表現力等	学びに向かう力，人間性等
学習指導要領 2 内容	ア　けがの防止について理解するとともに，けがなどの簡単な手当をすること。 （ア）交通事故や身の回りの生活の危険が原因となって起こるけがの防止には，周囲の危険に気付くこと，的確な判断の下に安全に行動すること，環境を安全に整えることが必要であること。 （イ）けがなどの簡単な手当は，速やかに行う必要があること。	イ　けがを防止するために，危険の予測や回避の方法を考え，それらを表現すること。	

【内容のまとまりごとの評価規準（例）】（けがの防止）

知識・技能	思考・判断・表現	主体的に学習に取り組む態度
・交通事故や身の回りの生活の危険が原因となって起こるけがの防止には，周囲の危険に気付くこと，的確な判断の下に安全に行動すること，環境を安全に整えることが必要であることを理解している。 ・けがなどの簡単な手当は，速やかに行う必要があることを理解しているとともに技能を身に付けている。	・けがを防止するために，危険の予測や回避の方法を考えているとともに，それらを表現している。	・健康や安全の大切さに気付き，けがの防止についての学習に進んで取り組もうとしている。

【単元の評価規準（例）】

知識・技能	思考・判断・表現	主体的に学習に取り組む態度
・毎年多くの交通事故や水の事故が発生し，けがをする人や死亡する人が少なくないこと，また，学校生活での事故や，犯罪被害が発生していること，これらの事故や犯罪，それらが原因となるけがなどは，人の行動や環境が関わって発生していることについて，理解したことを言ったり書いたりしている。 ・交通事故や身の回りの生活の危険が原因となって起こるけがを防止するためには，周囲の状況をよく見極め，危険に早く気付いて，的確な判断の下に安全に行動することが必要であることについて，理解したことを言ったり書いたりしている。 ・交通事故，水の事故，学校生活の事故，犯罪被害の防止には，危険な場所の点検などを通して，校舎や遊具など施設・設備を安全に整えるなど，安全な環境をつくることが必要であることについて，理解したことを言ったり書いたりしている。 ・けがの悪化を防ぐ対処として，けがの種類や程度などの状況をできるだけ速やかに把握して処置すること，近くの大人に知らせることが大切であること，自らできる簡単な手当には，傷口を清潔にする，圧迫して出血を止める，患部を冷やすなどの方法があること，また，その行い方について，理解したことを言ったり書いたりしているとともに，簡単な手当ができる。	・人の行動や環境，けがの手当の仕方などから，けがや症状の悪化の防止に関わる課題を見付けている。 ・自分のけがに関わる経験を振り返ったり，学習したことを活用したりして，危険の予測や回避の方法，けがなどの適切な手当の方法を考えたり，選んだりしている。 ・けがの防止について，けがや症状の悪化の防止のために考えたり，選んだりした方法がなぜ適切であるか，理由をあげて学習カードなどに書いたり，友達に説明したりしている。	・健康や安全の大切さに気付き，けがの防止についての学習に，進んで取り組もうとしている。

第2章　学習評価に関する事例について

1　事例の特徴

第1編第1章2（4）で述べた学習評価の改善の基本的な方向性を踏まえつつ，平成29年改訂学習指導要領の趣旨・内容の徹底に資する評価の事例を示すことができるよう，本参考資料における事例は，原則として以下のような方針を踏まえたものとしている。

第3編

○　単元に応じた評価規準の設定から評価の総括までとともに，児童の学習改善及び教師の指導改善までの一連の流れを示している

本参考資料で提示する事例は，いずれも，単元の評価規準の設定から評価の総括までとともに，評価結果を児童の学習改善や教師の指導改善に生かすまでの一連の学習評価の流れを念頭においたものである（事例の一つは，この一連の流れを特に詳細に示している）。なお，観点別の学習状況の評価については，「おおむね満足できる」状況，「十分満足できる」状況，「努力を要する」状況と判断した児童の具体的な状況の例などを示している。「十分満足できる」状況という評価になるのは，児童が実現している学習の状況が質的な高まりや深まりをもっていると判断されるときである。

○　観点別の学習状況について評価する時期や場面の精選について示している

報告や改善等通知では，学習評価については，日々の授業の中で児童の学習状況を適宜把握して指導の改善に生かすことに重点を置くことが重要であり，観点別の学習状況についての評価は，毎回の授業ではなく原則として単元や題材など内容や時間のまとまりごとに，それぞれの実現状況を把握できる段階で行うなど，その場面を精選することが重要であることが示された。このため，観点別の学習状況について評価する時期や場面の精選について，「指導と評価の計画」の中で，具体的に示している。

○　評価方法の工夫を示している

児童の反応やノート，ワークシート，作品等の評価資料をどのように活用したかなど，評価方法の多様な工夫について示している。

2 各事例概要一覧と事例

事例1 キーワード 運動領域における指導と評価の計画から評価の総括まで
「マットを使った運動遊び」（第2学年）

　第2学年の「マットを使った運動遊び」において，「指導と評価の全体像」を示した事例を紹介する。ここでは，「内容のまとまりごとの評価規準」から単元の評価規準を設定する際の作成の仕方を取り上げるとともに，毎時間の観点別評価の進め方について示している。

事例2 キーワード 「知識・技能」の評価
「高跳び」（第4学年）

　第4学年の「高跳び」において，主に「知識・技能」の観点を評価するための事例を示す。「知識・技能」の評価の考え方・進め方を整理するとともに，設定された知識・技能の評価規準を用いて，児童の学習状況をより適切に把握するための方法を紹介する。児童が，運動の行い方や習得を目指す動きを身に付けることができているかを，観察を中心的な方法として見取るほか，運動の行い方について学習カードの記述やICT等を用いて見取る方法を示している。

事例3 キーワード 「思考・判断・表現」 の評価
「ゴール型ゲーム（タグラグビー）」（第3学年）

　第3学年の「ゴール型ゲーム（陣地を取り合うゲーム）」の「タグラグビー」について，主に「思考・判断・表現」の観点を評価することを中心に取り上げている。ここでは，学習カードの活用や授業時の観察により，「思考・判断・表現」の評価を進める際の評価方法の具体例を示している。

事例4 キーワード 「主体的に学習に取り組む態度」の評価
「表現（激しい感じの題材で）」（第5学年）

　第5学年の「表現」において，「主体的に学習に取り組む態度」の観点を主に評価する事例を示す。「学びに向かう力，人間性等」には，「主体的に学習に取り組む態度」として観点別評価を通じて見取ることができる部分と，観点別学習状況や評定にはなじまず，個人内評価を通じて見取る部分があることに留意する必要があるとされているが，体育の運動領域では「2　内容」の記載があるため，この記載事項についての評価規準を設定し，授業時の行動観察の方法や評価に生きる指導の手立て等の具体例を示している。

事例5 キーワード 複数の単元にまたがった「主体的に学習に取り組む態度」の評価
「体ほぐしの運動」→「体の動きを高める運動①」→「短距離走・リレー」→「ソフトバレーボール」→「体の動きを高める運動②」→「水泳運動」（第6学年）

　年間の指導の中で，育成を目指す資質・能力に照らして，指導事項を重点化して取り上げ，複数の単元にまたがって，指導し評価する例として，第6学年における「主体的に学習に取り組む態度」の観点別評価の事例を示している。

事例6 キーワード 保健領域における指導と評価の計画から評価の総括まで

「体の発育・発達」（第4学年）

　第4学年の「体の発育・発達」において，「指導と評価の全体像」を示した事例を紹介する。ここでは，「内容のまとまりごとの評価規準」から単元の評価規準を設定する際の作成の仕方を取り上げるとともに，毎時間の観点別評価の進め方について示している。

事例7 キーワード 「知識・技能」の評価

「心の健康」（第5学年）

　第5学年の「心の健康」において，主に「知識・技能」の観点を評価することを中心に取り上げている。ここでは，学習カードの活用や授業時の観察により，「知識・技能」の評価を進める際の評価方法の具体例を示している。

事例8 キーワード 「思考・判断・表現」の評価

「病気の予防」（第6学年）

　第6学年の「病気の予防」を取り上げ，主に「思考・判断・表現」の観点を評価することを中心に取り上げている。ここでは，学習カードの活用や授業時の観察により，「思考・判断・表現」の評価を進める際の評価方法の具体例を示している。

事例9 キーワード 「主体的に学習に取り組む態度」の評価

「健康な生活」（第3学年）

　第3学年の「健康な生活」において，「主体的に学習に取り組む態度」の観点を主に評価すること中心にした事例を上げる。「学びに向かう力，人間性等」には，「主体的に学習に取り組む態度」として観点別評価を通じて見取ることができる部分と，観点別学習状況や評定にはなじまず，個人内評価を通じて見取る部分があることに留意する必要があるとされているが，保健は「2内容」の記載がないため，この記載事項についての評価規準を設定し，学習カードの活用や授業時の観察により「主体的に学習に取り組む態度」の評価を進める際の具体例を示している。

体育科（運動領域）　　事例1
キーワード　運動領域における指導と評価の計画から評価の総括まで

単元名	内容のまとまり
マットを使った運動遊び（第2学年）	第1学年及び第2学年 B　器械・器具を使っての運動遊び

1　指導と評価の一体化についての基本的な考え方

（1）指導する事項を明確にする

　児童の実態を踏まえつつ，学習指導要領の趣旨等に基づき，本単元で指導する内容を明確にする。特に，体育科運動領域においては，教科書がないこと等を踏まえ，各学年の指導内容及び指導方法の在り方について，学習指導要領解説体育編はもとより，国や都道府県，市区町村等が作成する体育指導の手引きや副読本等を参考に，各学校で十分に吟味し指導することが求められる。

（2）評価の観点と評価方法を明確にする

　指導内容を明確にしたうえで，評価の観点を設定するとともに評価方法を整理する。その際，各時間において指導したことを全て評価することに留意する必要はない。体育科で育成を目指す資質・能力のうち，本単元で重点的に指導し評価する事項を明確化し，設定した評価方法に基づき適切に評価することが大切である。

（3）評価する機会を設定する

　指導する事項のうち，いつ，何を，どのように評価するのかを計画する。計画的に指導したうえで，適切に評価することが求められる。その際，評価のための指導に陥ることのないよう留意することが大切である。評価が先にあるのではなく，まず指導があって，児童の学習の過程や結果の状況と評価規準とを重ね合わせながら，適切に評価する。本時で評価した結果については，次時以降の指導の改善に資するようにすることが大切である。また，指導したことをその時間内に評価するのではなく，引き続き指導する観点から，敢えて指導と評価の時間をずらすことも考えられる。さらに，単元の前半に設定する評価については，その結果をもって単元全体の評価とするのではなく，単元後半につなげる指導のための評価という観点を踏まえ，必要に応じて単元終了時まで指導と評価を繰り返すことが大切である。

2　指導と評価のための具体的な手順

【手順1】単元の目標を設定する
・単元の目標は，学習指導要領本文（以下，「本文」と表す）を参考に，設定することができる。
・本文に示された内容は，各領域において育成を目指す資質・能力であるため，学習指導要領の趣旨等に基づく指導上の目標と捉えることができる。
・単元の目標の語尾は，「～することができるようにする」と表記する。

（1）**マットを使った運動遊びの行い方を知るとともに**，いろいろな方向に**転がったり**，**手で支えての体の保持や回転**をしたりして遊ぶことができるようにする。

（2）マットを使った**簡単な遊び方を工夫するとともに**，**考えたことを友達に伝えること**ができるようにする。

（3）マットを使った**運動遊びに進んで取り組み**，**順番やきまりを守り誰とでも仲よく運動をしたり**，**場の安全に気を付けたりすること**ができるようにする。

（ゴシック体は，本文からの引用部分を表す）

【手順２】単元の目標から評価の視点を整理する

・単元の目標から評価の視点を整理する際には，児童の実態等を考慮しつつ，本文及び改善等通知の「観点の趣旨」をもとに作成する。

・語尾は，「〜できる」（技能），「〜している」（知識，思考・判断・表現，主体的に学習に取り組む態度の「健康・安全」），「〜しようとしている」（主体的に学習の取り組む態度の「健康・安全」以外）と表記する。

◎単元の目標から評価の視点を整理する（マットを使った運動遊びに関する部分を抜粋）

知識・技能	思考・判断・表現	主体的に学習に取り組む態度
マットを使った運動遊びの行い方について知っているとともに，いろいろな方向への転がり，手で支えての体の保持や回転の動きを身に付けている。	器械・器具を用いた簡単な遊び方を工夫しているとともに，考えたことを友達に伝えている。	器械・器具を使っての運動遊びの楽しさに触れることができるよう，運動遊びに進んで取り組もうとしていたり，順番やきまりを守り誰とでも仲よく運動をしようとしていたり，場や器械・器具の安全に気を付けている。

・本文をもとに上記のように作成し，さらに具体化する（ゴシック体は上記からの引用部分を表す）。

・**マットを使った運動遊びの行い方を知っている**。 ・マットに背中や腹などをつけて**いろいろな方向に転が**ったり，**手**や背中で**支えて**逆立ちをしたり，体を反らせたりするなどして遊ぶことができる。	・マットを使った**簡単な遊び方を**選んでいる。 ・友達のよい動きを見付けたり，**考えたりしたことを友達に伝えている**。	・マットを使った**運動遊びに進んで取り組もうとしている**。 ・**順番やきまりを守り誰とでも仲よく運動しようとしている**。 ・**場の安全に気を付けている**。

・「知識・技能」については，知識の評価規準と技能の評価規準に分けて設定する。

・「思考・判断・表現」については，「思考・判断」の評価規準と「表現」の評価規準に分けて設定する。

・「主体的に学習に取り組む態度」については，愛好的態度，公正・協力，責任・参画，共生，健康・安全の各項目に分けて設定する。

【手順３】指導計画を立案する

・児童の実態を踏まえ，単元の目標の達成に向けた指導計画を作成する。

・指導する内容の順序や指導にかけることができる時間等を考慮し，無理のない計画に留意する。

時間	1	2	3	4	5	6
0 ↓ 45	・オリエンテーション ・感覚つくりの運動遊び紹介 ・学習カードの使い方	・前転がり ・後ろ転がり ・だるま転がり ・丸太転がり ・転がり方を組み合わせる。	・腕支持での川跳び ・腕支持での平均台跳び ・川跳びからの腕立て横跳び越し	・さかさまになる動き ・さかさまからのブリッジ	・グループでマットランド ・作ったランドをグループ間で紹介し合う。	・他のグループが作ったランドで楽しむ。 ・もっと楽しいランドになるよう工夫する。

【手順4】単元の評価規準を作成する

・「内容のまとまりごとの評価規準」と指導計画における児童の活動を考慮し，児童の学びの姿としてより具体化した評価規準を作成する。

・各観点とも複数個に細分した評価規準を想定するが，順序性を示すものではないことに留意する。

知識・技能	思考・判断・表現	主体的に学習に取り組む態度
①マットを使った運動遊びの行い方について，言ったり実際に動いたりしている。 ②マットに背中や腹などをつけていろいろな方向に転がって遊ぶことができる。 ③手や背中で支えて逆立ちをしたり，体を反らせたりして遊ぶことができる。	①坂道やジグザグなどの複数のコースでいろいろな方向に転がることができるような場を選んでいる。 ②腕で支えながら移動したり，逆さまになったりする動きを選んでいる。 ③友達のよい動きを見付けたり，自分で考えたりしたことを友達に伝えたり書いたりしている。	①動物の真似をして腕で支えながら移動したり，転がったりするなどの運動遊びに進んで取り組もうとしている。 ②順番やきまりを守り誰とでも仲よく運動遊びをしようとしている。 ③場の準備や片付けを友達と一緒にしようとしている。 ④場の安全に気を付けている。

【手順5】指導と評価の計画を作成する

・単元計画のうち，いつ，どの場面で，何をどのように見取るかの計画を立てる。

・指導計画の下に評価の計画を重ね合わせ，指導と評価の計画を作成する。

・1時間につき1〜2程度の評価観点にするなど，評価をするに当たり無理のない計画を立てる。

時間	1	2	3	4	5	6
0	オリエンテーション ・学習内容の確認 ・安全の約束の確認 ・場の準備や片付けの仕方の確認 感覚つくりの運動遊びの紹介	場の準備→準備運動（感覚つくりの運動遊び）				
		ころころランド ・前転がり ・後ろ転がり ・だるま転がり ・丸太転がり	ぴょんぴょんランド ・腕支持での川跳び ・腕支持での平均台跳び	さかさまランド ・跳び箱を使って ・肋木を使って	マットランドで楽しもう	
					グループでマットランドの場を作って楽しむ。作ったランドをグループ間で紹介し合って楽しむ。	他のグループが作ったランドで楽しむ。もっと楽しいランドになるよう工夫する。
		振り返り→遊びのバリエーションの紹介				
		転がり方を組み合わせる。	川跳びからの腕立て横跳び越し	さかさまからのブリッジ		動きのバリエーションを楽しむ。
45	振り返り→整理運動→片付け					
知 ※		② 観察・ICT	③ 観察	① 観察		
思			③ 観察・カード		① 観察	② 観察
態	④ 観察	③ 観察		① 観察・カード	② 観察・カード	

※ 知…「知識・技能」，思…「思考・判断・表現」，態…「主体的に学習に取り組む態度」

【手順6】本時の展開を構想する（例：第2時）

分	●学習内容・活動（・予想される児童の反応）	指導上の留意点（○指導　□支援・配慮　◆評価規準）
導入 2分	●場の準備をしよう。 ・グループで協力してマットを運ぶ。 ・場の配置図を見ながら，落ち着いて運搬する。	○4人組でマットを運んだり，2人組で踏切板を運んだりできるようにする。 ◆場の準備や片付けを友達と一緒にしようとしている。
5分	●感覚つくりの運動遊びをしよう。 ・グループごとにイヌ歩き，ウマ歩き，ワニ歩き，しゃくとりむし，うさぎ跳び，かえるの足打ち，ゆりかご，ブリッジをする。	□準備がうまくできていない児童を指導しながら，場の準備についての知識を見取る。 ○BGMを流しながら，一つ一つの動きを丁寧に行うよう助言する。 □首，手首，腰，膝関節等のほぐしに留意する。
展開 8分	●ころころランドで楽しもう。	○本時のめあてを示す。
	めあて：ころころランドでいろいろな転がり方をして楽しもう	
	・基本となる転がり方をして遊ぶ。 　前転がり　後ろ転がり　だるま転がり 　丸太転がり	○基本となる転がり方を紹介し，一人ずつ順番に行うようにする。 ◆マットに背中や腹などをつけていろいろな方向に転がって遊ぶことができる。
5分	・工夫した転がり方をして遊ぶ。 　忍者転がり　手つなぎ転がり 　○○転がり（自由なネーミングで）	□うまく転がっていない児童に行い方を助言しながら，知識の有無を見取る。
5分	・マットの形を変えて遊ぶ。 　坂道マット　ジグザグマット 　正方形マット　でこぼこマット	○児童からのアイデアを拾いながら，転がり方のバリエーションを広げるようにする。 □前後の間隔や安全な転がり方に留意する。 ○児童の「楽しそう」「やりたい」を引き出し，マットの配置を変えたり，踏切板やボールなどを用いて傾斜や起伏を付けたりする。
5分	●どんな転がり方ができたかを紹介しよう。 ・○○さんは手を着いた前転がりと，手を着かない前転がりをしていた。 ・いろいろな転がり方を組み合わせて回っていた。	○自分や友達の楽しい転がり方を紹介し合えるようにする。 □工夫した楽しい転がり方を紹介する。
10分	●いろいろな転がり方をしてさらに楽しもう。 ・友達の行い方を真似て，いろいろな場で転がって遊ぶ。	○場に「○○コーナー」など名前を付けて，児童が楽しく転がることができるようにする。 □苦手な児童の転がり方のバリエーションが広がるように寄り添いながら指導する。
整理 3分	●学習を振り返ろう。 ・自分の活動の振り返りをする。 ・今日のキラ星さんを発表する。	○学習カードをもとに，振り返るようにする。 □友達の動きのよいところを認め合えるように言葉がけをする。
2分	●場の片付けをしよう。 ・役割に合わせて，場の片付けをする。	○友達と協力して安全に片付けるようにする。 ◆場の準備や片付けを友達と一緒にしようとしている。

3 単元の評価規準に即した児童の具体的な姿及び評価方法の例

（1）知識・技能

単元の評価規準	児童の具体的な姿の例及び評価方法の例
①マットを使った運動遊びの行い方について，言ったり実際に動いたりしている。	・マット遊びで行っているいろいろな遊び方の特徴を言ったり書いたりしている。（観察） ・マットの上でのいろいろな遊び方をしようとしている。（観察）
②マットに背中や腹などをつけていろいろな方向に転がって遊ぶことができる。	・前転がり，後ろ転がり，だるま転がり，丸太転がりなどいろいろな転がり方を試し，遊んでいる。（観察・ICT）
③手や背中で支えて逆立ちをしたり，体を反らせたりして遊ぶことができる。	・背支持倒立，壁登り倒立，補助倒立などいろいろな倒立の行い方を試し，遊んでいる。（観察） ・仰向けや倒立からのブリッジを試し，遊んでいる。（観察）

（2）思考・判断・表現

単元の評価規準	児童の具体的な姿の例及び評価方法の例
①坂道やジグザグなどの複数のコースでいろいろな方向に転がることができるような場を選んでいる。	・坂道やジグザグなどのコースの特徴に応じて，いろいろな転がり方を選び，遊んでいる。（観察） ・自分のしたい転がり方が行いやすい場を選び，遊んでいる。（観察）
②腕で支えながら移動したり，逆さまになったりする動きを選んでいる。	・アザラシ歩きなど動物の真似をした動きや，アンテナやブリッジなど建造物をイメージした動きのうち，自分がしたい動きを選び，遊んでいる。（観察）
③友達のよい動きを見付けたり，自分で考えたりしたことを友達に伝えたり書いたりしている。	・友達の動きを見て，楽しいところや工夫しているところなどを友達や教師に伝えている。（観察） ・自分の動きやグループでの遊び方で工夫したことを言ったり書いたりしている。（観察・カード）

（3）主体的に学習に取り組む態度

単元の評価規準	児童の具体的な姿の例及び評価方法の例
①動物の真似をして腕で支えながら移動したり，転がったりするなどの運動遊びに進んで取り組もうとしている。	・アザラシ歩き，クマ歩き，ウサギ跳び，カエル跳びなど，動物などの真似をした遊び方を試したり，前転がりや後ろ転がりなどの転がり方を試したりしている。（観察・カード） ・いろいろな運動遊びに繰り返し取り組んでいる。（観察・カード）
②順番やきまりを守り誰とでも仲よく運動遊びをしようとしている。	・自分の順番を守り，遊んでいる。（観察） ・遊び方の約束を守り，回ったり跳んだりしている。（カード） ・グループの友達と仲よくマット遊びをしている。（観察）
③場の準備や片付けを友達と一緒にしようとしている。	・友達と協力してマットや用具の準備や片付けをしたり，声をかけ合って平均台を運んだりしている。（観察）
④場の安全に気を付けている。	・マットのずれを見逃さずに整えたり，危険な回り方をしないようにしたりしている。（観察）

4　単元の評価規準を基にした「十分満足できる姿」の設定例

（1）知識・技能

単元の評価規準	「十分満足できる姿」の設定例
①マットを使った運動遊びの行い方について，言ったり実際に動いたりしている。	・マットを使った運動遊びの行い方**の留意点**を友達や教師に**詳しく**伝えたり，カードに書いたりすることができる。
②マットに背中や腹などをつけていろいろな方向に転がって遊ぶことができる。	・いろいろな転がり方を**連続して**行うことができる。（何度も繰り返しできる）
③手や背中で支えて逆立ちをしたり，体を反らせたりして遊ぶことができる。	**・体を大きく使って**倒立やブリッジを行うことができる。

・知識においては，運動遊びの行い方をより詳しく言ったり書いたりしている姿や，実際に正確に行っている姿で見取ることが想定される。

・技能においては，連続してできる，滑らかにできる，安定してできるなど，よりよくできる姿で見取ることが想定される。

（2）思考・判断・表現

単元の評価規準	「十分満足できる姿」の設定例
①坂道やジグザグなどの複数のコースでいろいろな方向に転がることができるような場を選んでいる。	・コースの特徴に応じた動き**にはどんなことがあるか**を考え，**試行錯誤しながら**選んでいる。 **・動きに合わせてコースの形などを改良している。**
②腕で支えながら移動したり，逆さまになったりする動きを選んでいる。	・動物などの動きの特徴や建造物の特色を踏まえ，自分の動きを**よりよくする**行い方を選んでいる。
③友達のよい動きを見付けたり，自分で考えたりしたことを友達に伝えたり，カードに書いたりしている。	・友達のよい動きの特徴を，**擬態語や身振りなど多様な表現を用いて具体的に**友達に伝えたり，カードに書いたりしている。

・思考・判断においては，設定された活動をもとに，自分なりにさらに工夫しようとしていることが行動や言葉として表出される姿で見取ることが想定される。

・表現においては，友達のよい動きや自分が工夫した動きを，言葉や動作，身振りなど多様な表現方法を用いて友達や教師に伝えたり，カードに書いたりする姿で見取ることが想定される。

（3）主体的に学習に取り組む態度

単元の評価規準	「十分満足できる姿」の設定例
①動物の真似をして腕で支えながら移動したり，転がったりするなどの運動遊びに進んで取り組もうとしている。	・動物などの真似をした遊び方や前転がり，後ろ転がりなどの転がり方に**バリエーションを付けて**試している。
②順番やきまりを守り誰とでも仲よく運動遊びをしようとしている。	・自分が楽しむだけでなく，**グループの友達を励ましたり，応援したり**している。
③場の準備や片付けを友達と一緒にしようとしている。	・場の準備や片付けを**率先して**行っている。
④場の安全に気を付けている。	・自分のことだけでなく，**周囲の安全にも気を配っている。**

・愛好的な態度においては，課題の解決に向けて，意欲的に取り組もうとしている姿で見取ることが想定される。

・公正や協力に関する態度においては，公平・公正な態度と友達をよりよく支えようとしている姿で見取ることが想定される。

・責任や参画に関する態度においては，グループでの活動等で生じる自分の役割を十分に果たそうとしている姿で見取ることが想定される。

・共生に関する態度においては，自分と課題の解決が異なる場合においても，違いを認め，自分事として引き取ろうとしている姿で見取ることが想定される。（低学年においては内容に示されていない）

・健康・安全に関する態度においては，自分の安全だけでなく，友達の安全の確保にも留意し，行動する姿で見取ることが想定される。

5　毎時間の観点別評価の進め方

（1）指導と評価の重点化

　　毎時間の指導においては，単元の目標を踏まえ，育成を目指す資質・能力の三つの柱（以下，「三つの指導」と表す）に基づき目標を設定するが，全ての児童に全てのことを指導し評価することは現実的ではない。三つの指導に留意しつつも，本時において重点的に指導する内容（以下，「重点内容」と表す）を絞り，指導することが想定される。その際，重点内容の指導と同時間内に評価を行う場合があるが，技能や主体的に学習に取り組む態度のように，習得や活用の段階等を踏まえ一定期間を置くなど，指導と評価の時期をずらして評価を行う場合も考えられる。したがって，重点内容と本時の評価の観点が必ずしも一致するものではないことに留意する必要がある。

　　重点内容を絞ることは，授業改善の視点を踏まえた PDCA サイクルの確立の観点においても重要である。児童の実態等を考慮し，重点内容を計画的に設定することは，指導内容の明確化を図るとともに，評価計画の立案にも生かされるものであるため，指導と評価のつながりをより確かなものとすることが考えられる。

（2）評価後の指導の継続と再評価の重要性

　　ある児童において，単元の前半に評価の機会を設定した項目がＢまたはＣであったものを，単元の終盤までにＡまたはＢとなるよう指導の充実を図ることが本来の評価の在り方であることから，単元の前半に評価したことをもってその観点の評価を確定することには留意が必要である。指導したことがどの程度身に付いているかを評価することは，単元の途中や終盤等において指導方針の修正を図るうえで極めて重要である。つまり，単元の目標を踏まえて評価規準を作成し，評価の観点を明確にしたうえで指導に当たることにより，指導内容が一層明確になると考えることができる。

（3）指導と評価の計画の柔軟な運用

　　評価のための指導にならないようにすることは言うまでもないことであるが，育成を目指す児童の姿を評価項目の視点から想起し，指導の充実につなげることは，授業改善を図るうえで重要である。指導と評価の計画は，育成を目指す資質・能力と指導内容及び評価の具現化を図ることに資するものであるため，児童の実態等に応じて，適宜修正を加えながら柔軟に作成することが大切である。

6 総括的評価の考え方

	第1時	第2時	第3時	第4時	第5時	第6時	総括
知		②→B	③→B	①→B			B
思			③→B		①→A	②→B	B
態	④→B	③→A		①→B	②→A		A

- 各観点における単元の評価規準を二つ設定した場合，AA→A，AB→A又はB，BB→B，BC→B又はC，CC→Cとなることが想定される。なお，A又はB及びB又はCとなる場合の扱いは，学年又は学校として統一しておくことが重要である。（以下同様）
- 各観点における単元の評価規準を三つ設定した場合，AAA・AAB→A，ABB・BBB・BBC→B，BCC・CCC→Cとなることが想定される。
- 各観点における単元の評価規準を四つ設定した場合，AAAA・AAAB→A，AABB→A又はB，ABBB・BBBB・BBBC→B，BBCC→B又はC，BCCC・CCCC→Cとなることが想定される。
- 各観点における単元の評価規準を五つ設定した場合，AAAAA・AAAAB・AAABB→A，AABBB・ABBBB・BBBBB・BBBBC・BBBCC→B，BBCCC・BCCCC・CCCCC→Cとなることが想定される。
- 同一の観点において，AとCが混在することは想定していない。例えば「知識・技能」において，知識はCだが技能はAといった評価は，技能の見取りを確かとするならば知識の見取りが不確かであると想定されるため，知識の評価を再考することが検討される。また「思考・判断・表現」において，思考・判断はAだが表現はC（又はその逆）となった場合には，それぞれの見取りが不確かであると言わざるを得ない。さらに「主体的に学習に取り組む態度」においても，愛好的態度がCであっても，友達と助け合う姿がAなどということ（又はその逆）は考えられず，CまたはAとなった観点の見取りを再考することが想定される。しかし，例えば「知識・技能」において，身体的な理由などにより運動の技能はCと判断されるが，運動の行い方をよく理解しているなど，知識はA相当であると判断することができる児童がいることも想定される。このように，原則論にとらわれることなく様々な状況を踏まえ，児童の学習状況を見取ることが大切である。
- 育成を目指す資質・能力の三つの柱は，目指す児童の姿とそのための指導の在り方が相互に関連しているため，総括的評価の際に全観点にAとCが混在することについても，十分に留意することが求められる。例えば，「知識・技能」がAであるような児童で，「思考・判断・表現」又は「主体的に学習に取り組む態度」がCということは，殆どの場合においては想定されない。「知識・技能」が十分満足できる状況であれば，「思考・判断・表現」の様子が見取れたり，「主体的に学習に取り組む態度」がおおむね以上に身に付いていたりすることが想定されるためである。しかし，児童によっては，あてはまらない場合があることも考えられるため，十分に留意することとしている。

7 評価計画にない時間の扱い

- 単元の配当時間に比較的ゆとりのある場合や，予め設定する評価項目数が少ない場合等においては，指導と評価の計画で評価機会の設定のない時間が生じることが考えられる。その際，全ての児童を対象とした評価は計画上行わないとしながらも，必要に応じて個別の評価については実施することが想定されるため，評価をしない時間と捉えることではないことに留意する必要がある。
- 指導と評価の一体化の観点から，評価をしない時間があることは考えられない。児童の個々の学びの姿を適宜評価し，指導の改善に資するようにすることが大切である。

第3編
事例1

単元名	内容のまとまり
高跳び（第4学年）	第3学年及び第4学年 C　走・跳の運動

1　「知識・技能」の評価の考え方・進め方について

　「知識・技能」では，児童が運動の楽しさや喜びを味わうことを通して，運動の行い方についての知識を習得したり動きを身に付けたりすることができているかについて，その学習状況を評価する。具体的には，主に児童の動きの習得の様子を観察によって見取る方法，学習カードに記入された内容から見取る方法，ICT機器を用いて動きを把握する方法などがある。

　知識と技能それぞれの見取り方については，低学年段階では，課題となる動きが身に付いている児童は，その運動の行い方，特に動きのこつやポイントを理解しているものとして見取ることができる。それ以外の児童については，観察や学習カードの記述等にその気付きや理解が認められる場合は知識に関する理解が得られているものと捉えることとする。中学年以降は，技能については観察やICTを用いて見取るとともに，運動の行い方については話し合いの場面や学習カードへの記入など，その内容について「言ったり書いたり」する活動を通して，その習得状況を見取っていく。

2　単元の目標

　(1)　高跳びの行い方を知るとともに，その動きを身に付けることができるようにする。

　(2)　自己の能力に適した課題を見付け，動きを身に付けるための活動や競争の仕方を工夫するとともに，考えたことを友達に伝えることができるようにする。

　(3)　高跳びに進んで取り組み，きまりを守り誰とでも仲よく運動をしたり，勝敗を受け入れたり，友達の考えを認めたり，場や用具の安全に気を付けたりすることができるようにする。

3　単元の評価規準

知識・技能	思考・判断・表現	主体的に学習に取り組む態度
①高跳びの行い方について，言ったり書いたりしている。 ②踏切り足を決めて跳ぶことができる。 ③3〜5歩の助走から強く踏み切って上方に高く跳ぶことができる。 ④膝を柔らかく曲げ，足から着地することができる。	①助走のリズムや踏切りなど，自己の能力に適した課題を見付け，その課題の解決のための活動を選んでいる。 ②友達との競争の仕方を考えたり，競争の規則や記録への挑戦の仕方を選んだりしている。 ③友達のよい動きや変化を見付けたり，考えたりしたことを友達に伝えている。	①高跳びに進んで取り組もうとしている。 ②きまりを守り，誰とでも仲よく励まし合おうとしている。 ③用具の準備や片付けを友達と一緒にしようとしている。 ④友達の考えを認めようとしている。 ⑤場や用具の安全を確かめている。

4　指導と評価の計画（6時間）

時間	1	2	3	4	5	6
学習過程	1. 集合，整列，挨拶，健康観察　　2. 準備運動（リズムスキップ，8の字ゴム跳びなど）					
	3. 単元の学習内容の確認	3. 感覚づくりの運動（目標物へのタッチ，ミニハードル連続ジャンプ，ケンパー跳び）				
	4. 本時のねらいの確認 ・学習過程と1時間の流れ ・準備や片付けの仕方 ・学習カードの記入の仕方	4. 本時のねらいの確認 ・安全な着地（膝の曲げ）	4. 本時のねらいの確認 ・跳びやすいほうの足を見付ける ・3歩での助走の仕方（スタート足の確認）	4. 本時のねらいの確認 ・3歩助走からの跳躍 ・リズムのよい（ピッチが上がる）助走→口伴走「レッ・ツ・ゴー！」のリズム	4. 本時のねらいの確認 ・前時までの確認→自己の課題を確認し，解決に適した場を選ぶ ・5歩助走の仕方	4. 本時のねらいの確認 ・前時までの確認→自己の課題を見付け，それに適した練習を選ぶ
	5. 感覚づくりの運動それぞれの運動のポイントを一つずつ確認	5. いろいろな場で，競争をしながら高く跳ぶ ・グループでの競争 ・段ボール跳び ・ゴム跳び	5. 自分の動きを確認しながら競争をする ・グループでの競争	5. ICTを使って自分の課題を見付け，解決のための場を選ぶ ・3歩助走コース ・5歩助走コース ・踏切り板コース	5. ICTを使って自分の課題を見付け，解決のための場を選ぶ ・3歩助走コース ・5歩助走コース ・踏切り板コース	5. 互いの動きを見合い，アドバイスをし合って跳ぶ
	6. 試しの運動 ・記録測定					6. 記録会&クラスチャレンジ
	7. 本時のまとめ（学習カードの記入，振り返り，次時の学習の確認）	6. 本時のまとめ（学習カードの記入，振り返り，成果及び次時の課題の確認）				7. 本時のまとめ（学習カードの記入，振り返り，成果の確認）
	8. 整理運動，片付け，挨拶	7. 整理運動，片付け，挨拶				8. 整理運動，片付け，挨拶
評価の重点　知		④（観察）	②（カード）	③（観察・ICT）	①（カード）	
思		①（カード）		③（観察）		②（カード）
態	③⑤（観察）		①（観察）		④（観察）	②（観察）

5 観点別学習状況の評価の進め方～「知識・技能」の指導の工夫と評価の方法について

「知識・技能」の評価方法としては，主に授業時の観察，学習カード，ICTの活用等が考えられる。授業時に適切に児童の知識・技能の学習状況を把握するためには，習得を目指す知識や技能が児童にとっても教師にとっても分かりやすくなるような指導の工夫をすることが大切である。それを踏まえて，ここでは各時間の指導の工夫と評価の方法を合わせて見取りの事例を示していく。

なお，指導の工夫にあたっては，児童が動きのポイントをとらえて意欲的に運動に取り組むことができるように，オノマトペや，音（リズム）を利用するなどして，挑戦する課題や動きのポイントを明確にしていくとよい。加えて，どうなれば達成なのかが分かりやすい場づくりをすることが重要であることに留意したい。これらの指導の工夫が児童相互の見合い教え合いを促進させ，明確な学習状況の見取りにもつながっていく。

○第2時 規準④「膝を柔らかく曲げ，足から着地することができる。」

足から着地することができているかどうかについては，尻餅をついたり手から落ちたりせずに，足からマットの上に着地できているかどうかを見取る。うまく着地できていない児童は，着地の際にバランスを大きく崩してしまうことが多いため，体のバランスを保ちながら着地できているかどうかを見取りの視点におくのもよい。また，下の学習カード例のように，足から安全な着地ができているかどうかをカードに記入して振り返ることもできる。

なお，小学校における高跳びの学習環境を考えた時，着地位置にマットを敷く，用具の安全性を確認する，児童の立ち位置を決めるなど，指導の工夫とともに安全の確保に留意することは必須の配慮事項となる。

○第3時 規準②「踏切り足を決めて跳ぶことができる。」

踏切り足を決めて跳ぶことができるようになるための指導の工夫として，踏切り足にゴムバンドを付けることが考えられる（右写真）。こうすると，児童自身も見ている教師や友達も，どちらが踏切り足か分かりやすくなる。

踏切り足にゴムバンドを付ける

また学習カードに自分の踏切り足を記入するのもよい（右カード）。このことで運動後に自分の踏切り足を再確認できるようになる。

今日のめあて【第2時】	いろいろなものをとんで足から安全に着地しよう！
次回の自分の課題	安全に着地するためにどのように運動したか，書こう！

今日のめあて【第3時】	3歩助走で、自分のふみ切り足を見つけてとぼう！
次回の自分の課題	3歩でとぶために、何に気をつけて運動したか書こう！

わたしのふみきり足は、**右 ・ 左** です！

○第４時　規準③「３～５歩の助走から強く踏み切って上方に高く跳ぶことができる。」

３～５歩のリズムで強く踏み切って上方に跳ぶためには，助走のリズムが分かりやすい場を設定することが大切になる。例えば，踏切り位置に輪を置いたり踏切り板を置いたりして，強く踏み切るためのリズムを目に見える形にするという場の設定が考えられる。

レッ　　　　　ツ　　ゴー！

右の写真では，踏切り板と白い滑り止めシートを使って助走のリズムを強調する工夫がなされている。１歩目は床に足を置いて「レッ」，踏切り板の手前の白いシートで「ツ」，踏切り板で「ゴー！」というように，３歩の助走を「レッ・ツ・ゴー！」という口伴奏を用いて跳ぶ。このことで助走のリズムにとともに，最後の２歩を素早く強く踏み切ることが高いジャンプにつながるということを理解し動きを身に付けることができる。運動が苦手な児童も，このような課題の可視化や音の合図によって，動きのイメージをもって運動に取り組むことができるようになる。また，友達同士で「レッ・ツ・ゴー！」と声を掛け合いながら活動する様子を観察することから，知識や技能の学習状況を見取ることもできる。

加えて，ICT 機器を用いて動きの確認をすることは，児童相互の見合い教え合いを促進させ，運動の行い方の理解を促すことにもつながるので有効である。動きを録画して見返すことで，運動のこつやポイントと児童の動きを比較することができるとともに，教師による学習状況の見取りについての情報も豊富に得ることができる。画面を見ながらどのように話し合っているかを観察することで，運動の行い方についての学習状況を把握することもできる。

動きを ICT 機器で確認する

○第５時　規準①「高跳びの行い方について，言ったり書いたりしている。」

児童が高跳びの行い方をどのように理解しているかを見取る方法としては，まず活動中に児童同士が見合い教え合いをしている様子を観察することから，その実態を見取ることが想定される。また右の学習カードのように，活動と活動の間や活動後の場面でカードに記入された内容から，高跳びの行い方やこつ，ポイントについて，児童がどのように考え，活動したのかについての学習状況を把握することができる。

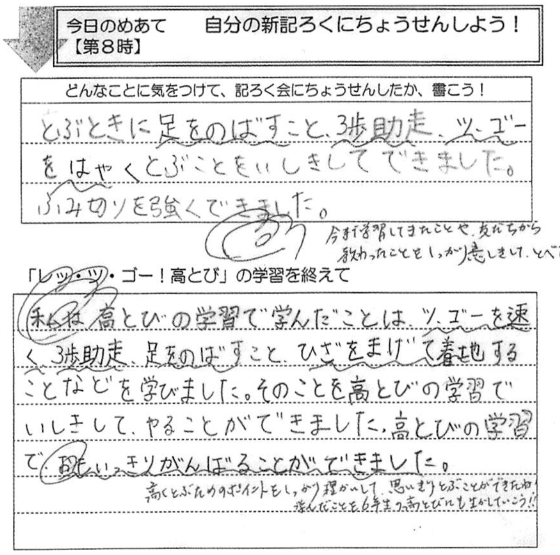

今日のめあて　　自分の新記ろくにちょうせんしよう！
【第８時】

どんなことに気をつけて、記ろく会にちょうせんしたか、書こう！

とぶときに足をのばすこと、3歩助走、ツ、ゴーをはやくとぶことをいしきしてできました。
ふみ切りを強くできました。

今まで学習してきたことや、友だちから教わったことをしっかり意しきして、とべたね

「レッ・ツ・ゴー！高とび」の学習を終えて

私は高とびの学習で学んだことは、ツ、ゴーを速く、3歩助走、足をのばすこと、ひざをまげて着地することなどを学びました。そのことを高とびの学習でいしきして、やることができました。高とびの学習で、おもいっきりがんばることができました。

高くとぶためのポイントをしっかり理かいして、思いきりとぶことができたね。学んだことを6年生の高とびにも生かしていこう!!

体育科（運動領域）　　事例3
キーワード　「思考・判断・表現」の評価

単元名	内容のまとまり
ゴール型ゲーム（タグラグビー） （第3学年）	第3学年及び第4学年 E　ゲーム

1　「思考・判断・表現」の考え方・進め方について

思考・判断・表現の評価では，各領域の特性を踏まえ，児童が自己の課題を見付けること，自己の課題に応じて練習の仕方などを選ぶこと，思考し判断したことを言葉や文章及び動作などで表したり友達や教師などに理由を添えて伝えたりすることを評価する。

思考・判断・表現の「評価の観点及びその趣旨」では，「自己の運動の課題を見付け，その解決のための活動を工夫しているととともに，それらを他者に伝えている。」と示されている。

教師は，児童が自己の課題を見付けて活動を工夫できるように，運動する場，補助的な運動や練習方法，作戦例の提示等を授業で取り上げる必要がある。また，自己の課題について思考し判断したことを学習カードに書くこと，友達と話し合うこと，発表することや身振りで表現することなど，友達や教師に伝える活動を授業に取り入れる必要がある。

なお，「思考力，判断力，表現力等」は，「新たな情報と既存の知識を活用しながら課題を解決すること」などであることから，知識・技能を評価した後に思考・判断・表現を評価する計画にしている。

2　単元の目標

(1) ゴール型ゲーム（タグラグビー）の行い方を知るとともに，易しいゲームをすることができるようにする。

(2) 規則を工夫したり，ゲームの型に応じた簡単な作戦を選んだりするとともに，考えたことを友達に伝えることができるようにする。

(3) 運動に進んで取り組み，規則を守り誰とでも仲よく運動をしたり，勝敗を受け入れたり，友達の考えを認めたり，場や用具の安全に気を付けたりすることができるようにする。

3　単元の評価規準

知識・技能	思考・判断・表現	主体的に学習に取り組む態度
①タグラグビーの行い方について，言ったり書いたりしている。 ②ボールを持ったときにゴールに体を向けることができる。 ③味方にボールを手渡したり，パスを出したり，ゴールにボールを持ち込んだりすることができる。	①攻めを行いやすいようにするなどの規則を選んでいる。 ②ボールを持っている人とボールを持っていない人の役割を踏まえた作戦を選んでいる。 ③パスを出したり，ゴールにボールを持ち込んだりするときの工夫を友達に伝えている。	①ゲームに進んで取り組もうとしている。 ②規則を守り，誰とでも仲よくしようとしている。 ③用具などの準備や片付けを，友達と一緒にしようとしている。 ④ゲームの勝敗を受け入れようとしている。 ⑤友達の考えを認めようとしている。 ⑥場や用具の安全を確かめている。

4　指導と評価の計画（8時間）

時間	1	2	3	4	5	6	7	8
ねらい	学習の進め方を知り，見通しをもつ。	チームに合った簡単な作戦を選んで取り組む。				チームで見付けた課題の解決に取り組む。		
学習活動	1　単元の学習内容と本時のねらいの確認 ・1時間の流れを知る。 ・規則を確認する。 2　試しのゲーム ・提示された作戦を選び，役割分担を行う。 3　整理運動・振り返り・片付け	1　用具や場の準備，準備運動 2　本時のねらいの確認 3　ゲーム①　※ゲームは全て易しいゲーム ・チームの課題を知る。 4　課題解決についての話合い ・誰もが楽しくゲームに参加できるように規則を工夫する。 ・ボールを持っている人とボールを持っていない人の役割分担を行い，チームに合った作戦を選ぶ。 ・全員がプレーに参加して得点できるように話し合う。 5　チームでの練習 ・話し合ったことや選んだ作戦の練習を行う。 6　ゲーム② ・話し合ったことを実行したり，チームの作戦を意識したりして取り組む。 7　整理運動・振り返り・片付け ・チームの工夫やよさについて発表したり，学習カードに記入したりする場を設ける。				1　用具や場の準備，準備運動 2　本時のねらいの確認 3　ゲーム① 4　作戦の話合いや練習 ・攻めを行いやすくするための作戦を話し合い，チームで練習する。 5　ゲーム② 6　整理運動・振り返り・片付け		

評価の重点		1	2	3	4	5	6	7	8
	知		① (カード)	② (カード)	③ (観察・ICT)				
	思			① (観察・ICT)		② (カード)	③※1 (観察・ICT)		※2
	態	⑥ (観察)	① (観察)		② (カード)	④ (観察)	⑤ (カード)	③ (カード)	

※1　第6・7時では，児童の表現する機会が増えることが予想されるため，2時間続けて一つの評価を行うようにする。

※2　第8時では，第7時までの学習状況により，児童の実態等に応じて柔軟に評価できるようにする。

5 タグラグビーの授業展開例

（1）はじめの規則について

- ・4人対4人
- ・ゴールゾーンにボールを持って走り込めば1点となる。
- ・タグを取られたら3秒以内にパスをする。
- ・前にパスをすることはできない。　など

※　ぶつかるのは禁止，タグを取ったら手渡しで返却

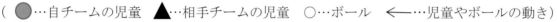

ゴールゾーン

30m

20m

ゴールゾーン

（2）提示する作戦について　※児童の実態により，次のような作戦を提示する。

（ ●…自チームの児童　▲…相手チームの児童　○…ボール　←…児童やボールの動き）

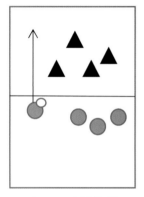 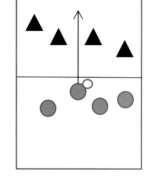 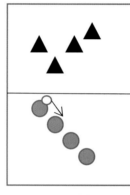 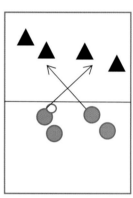

サイド攻撃作戦	センター攻撃作戦	パス作戦	交差作戦
・サイドの相手のいないところをねらう	・中央から空いたスペースを作り出す	・タグを取られたら，友達にパスをする	・パスをする人と受ける人が交差する

（3）振り返りの場面での作戦の話合いについて

- ・ゲーム①→振り返り→ゲーム②などの学習の流れを設定することにより，児童がチームの課題を振り返り，次のゲームに生かせるようにする。

＜ゲーム①終了時の言葉がけ＞
ゲーム①を振り返って，ゲーム②の作戦を話し合いましょう。

「交差作戦」は友達の動きに合わせられなかったよね。

ゲーム②は，友達の動きが分かりやすそうな「サイド攻撃作戦」にするのはどう？

いい考えだね。役割分担をしよう。左にいるのはだれにする？

わたしが，始めはサッと左を抜けるようにいくね。

ボールを持ってからは，ゴールに向かってビューッと走ってね。

右に3人いたら，相手が集まるかもね。ぼくは，右にいるよ。

ぼくも，スーッと右に寄るね。

わたしも右に行くから，3人でギュッと集まろう。

決まったね。「サイド攻撃作戦」で力を合わせて得点を取ろう！

6　観点別学習状況の評価の進め方～「思考・判断・表現」の指導の工夫と評価の方法について

　「思考・判断・表現」では，「課題を見付けたり，課題解決のための活動を選んだり，思考し，判断したことを他者に伝えたり」しているなどの学習状況を評価することになる。

　評価方法の例として，授業時の観察，学習カードの活用，聞き取りなどが考えられる。

（１）授業時の観察

・授業時の観察を基に，児童のつぶやきやチーム内での言葉を把握して，意図的に発問し，児童の思考等を引き出す。

みんながドンドン点を取れるようにしたいです。

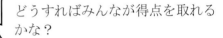
＜規則の工夫を発問する例＞
ゲームをやってみて，困ったことはないかな？

攻める人数が増えればいいと思います。

どうすればみんなが得点を取れるかな？

苦手な友達がバタバタせずに落ち着いてボールが持てるからです。

どうしてその規則を考えたのかな？

（２）学習カードの活用

・ボールを持っている人とボールを持っていない人の役割を踏まえた作戦を選ぶことを記入できるようにする。また，チームの考えを共有するために，チームの学習カードの補助として，作戦ボードやタブレット等を活用することも考えられる。

・個人の学習カードの記入状況を参考にし，評価し，よさをチームや学級に広げる。

＜学習カード＞
パス作戦で○○さんがボールを持っている人の後ろにいつもいたのがよかったです。

＜学級に広げる言葉がけの例＞
チームの作戦から一人一人の役割を考え，友達の動きのよさに気付けていたね。

（３）個人やチームへの聞き取り

・学習カードや観察による評価を補うために，直接児童からチームの作戦や役割分担について聞き取る。

・Ｃ評価の児童やＣ評価の児童が所属するチームには，助言や補助などの適切な支援をする。

・児童が自分の考えや動きを友達に伝えることで，チームのよりよい課題解決に生かせるようにする。

パスがうまくできませんでした。

＜チームへの聞き取り例＞
作戦を振り返ってどうだったかな？

○○さんがグーンと離れた場所にいたので，パスを受けられませんでした。

パスをしようとしたときにチームの友達はどこにいたかな？

○○さんの後ろにピッタリついて走っていれば，パスが受けやすくなると思います。

ボールを持っている友達の近くにいた方がいいね。どうすればいいかな？

体育科（運動領域）　　事例4

キーワード　「主体的に学習に取り組む態度」の評価

単元名	内容のまとまり
表現（激しい感じの題材で） （第5学年）	第5学年及び第6学年 F　表現運動

1　「主体的に学習に取り組む態度」の考え方・進め方について

　　主体的に学習に取り組む態度の評価では，それぞれの運動が有する特性や魅力に応じて，その楽しさや喜びを味わうとともに，公正に取り組む，互いに協力する，自己の役割を果たす，仲間の考えや取組を認める，安全に留意するなどの態度を授業の中で指導したことを評価していく。

　　主体的に学習に取り組む態度の育成として，児童がそれぞれの内容を理解して行動につなげることが，運動の楽しさや運動する喜びにつながり，そして豊かなスポーツライフを実現するために必要な資質・能力を育むことにつながる。

　　教師は実際の授業の中で，児童が積極的に取り組むための手立てを考えたり，互いに認め合うための相互評価の場面を設定したり，安全に留意する場を指導したりするなど，具体的な場面をとらえて指導していく。

2　単元の目標

(1)　表現の行い方を理解するとともに，表したい感じを表現することができるようにする。

(2)　自己やグループの課題の解決に向けて，表したい内容や発表の仕方を工夫するとともに，自己や仲間の考えたことを他者に伝えることができるようにする。

(3)　表現に積極的に取り組み，互いのよさを認め合い助け合って踊ったり，場の安全に気を配ったりすることができるようにする。

3　単元の評価規準

知識・技能	思考・判断・表現	主体的に学習に取り組む態度
①表現の行い方について，言ったり書いたりしている。 ②激しい感じや急変する感じをメリハリ（緩急・強弱）のあるひと流れの動きにして即興的に踊ることができる。 ③表したい感じやイメージを強調するように，変化と起伏のある「はじめ－なか－おわり」の構成を工夫して，仲間と感じを込めて通して踊ることができる。	①表したい感じやイメージが表れているか，踊りの特徴を捉えて踊れているかなど，グループの仲間や他のグループの踊りを見て，自己やグループの課題を見付けている。 ②「表したい感じやイメージを強調する」という課題に応じて，差のある動きや群の動きなどで変化を付ける方法を選んでいる。 ③表したい感じやイメージにふさわしい動きになっているかをペアのグループやクラス全体で見合い，よくなったところを伝えている。	①表したい感じやイメージを表現したりする運動に積極的に取り組もうとしている。 ②互いの動きや考えのよさを認め合おうとしている。 ③グループで取り組む際に，仲間と助け合おうとしている。

4 指導と評価の計画（6時間）

時　間	1時間目	2時間目	3時間目	4時間目	5時間目	6時間目
導入 10分	オリエンテーション ・本時のねらいの確認 教師や仲間といっしょに、「激しい○○!」のイメージをふくらませて楽しく自由に踊ろう! ・学習の進め方を知る。	心と体をほぐす ・前時で踊った動きを思い出して，一曲通して自由に踊る。 （教師の真似をしたり，仲間と関わったり） ・本時のねらいの確認 『激しい○○！』のイメージから思いついた変化とメリハリのあるひと流れの動きをその場ですぐに踊ろう！ **ひと流れの動き**			心と体をほぐす ・前時で踊った動きを思い出して，一曲通してグループで自由に踊る ・本時のねらいの確認 表したいイメージが強調されるように動きを工夫して踊ろう！ **ひとまとまりの動き**	
活動1 15分	心と体をほぐす ・だるまさんがころんだ ・カードで遊ぼう	**小テーマから特徴的な場面や動きをいくつかみんなでやってみる。** 「スポーツの対決！」 ・ボクシングの攻防！ ⬆ 跳んだり転がったり，オーバーアクションやスローモーション	「急に○○する！」 ・ロボットが壊れた… ⬆ 急に早く動き出したり，突然止まったり，ロボットの動きで	「自然界の激しさ」 ・火山の爆発 ・大型台風 ⬆ ねじったり回ったり繰り返したり，急変した動きを入れて	**グループごとに，表したいイメージが強調されるよう，はじめとおわりをつける。** ・表したいイメージ別にグループを作る。 （3・4人） ・一番表したい場面を「なか」にして，「はじめ－なか－おわり」の構成を工夫したひとまとまりの動きをつくる。	
活動2 15分	「激しい○○！」についてイメージすることを出し合い，即興で踊る。	好きなイメージを選び，ひと流れの動きにして踊る。 ・2人からグループで（3・4人） ・どんな場面にするか決めて，即興で踊ってみる。 ・隣のグループと見せ合いをする。			ペアグループで見せ合い，アドバイスをし合う。	発表会をする。 ・キラリチームを見付ける。 ・感想を出し合う。
5分	学　習　の　振　り　返　り（今日のキラリ）					
評価の重点 知		②（観察・ICT）		①（カード）	③（観察・ICT）	
思			①（観察）		②（観察）	③（観察）
態	①（観察）		②（カード）	③（観察）		※1

※1　6時間目では5時間目までの学習状況により，児童の実態に応じて柔軟に評価できるようにする。

第3編
事例4

- 67 -

5 観点別学習状況の評価の進め方～「主体的に学習に取り組む態度」の指導の工夫と評価の方法

「主体的に学習に取り組む態度」の評価方法の例として，授業時の観察，学習カードの活用，ICTの活用，相互評価（見せ合いの後の発表等），聞き取りなどが考えられる。

ここでは，「主体的に学習に取り組む態度」の評価規準①～③について，どのような児童の姿が見られたときに「おおむね満足できる状況」なのか，各評価規準の児童の具体的な姿及び評価方法の例と，また，実際の授業でどのような指導をすれば，児童の姿が見られるのか手立てについて考える。

【児童の具体的な姿及び評価方法の例と，実際の授業での評価の手立て】

①表したい感じやイメージを表現したりする運動に積極的に取り組もうとしている児童の姿の例

○行動観察より

・「激しい！」からイメージされることをたくさん見付け，発言したり書いたりしている。

・思いついた「激しい！」動きを次々試している。

・「変化とメリハリ」を付けた動きをいろいろ試している。

・みんなで学んだポイントを生かして動いている。

・見せ合いをしたあと，ペアグループにいろいろアドバイスをしている。

・発表会に向けて熱心に練習に取り組んでいる。

・恥ずかしがらず，表情豊かに楽しく動いている。

このような児童の姿が見られるための手立ての例

《1時間目》導入の場面

だれでも簡単に取り組める楽しい活動を通して，心と体をほぐしていく。

表現運動に対して，苦手意識のある児童が積極的に活動できるようにするためには，簡単に取り組める楽しい活動を毎時間授業の始め（ウォーミングアップ）に取り組む事が重要である。行い方が分かりやすく，遊び感覚の要素が含まれたものが好ましい。児童が興味や関心をもって取り組むためにいくつかの手立てを紹介する。

※だるまさんころんだ

教師が「だるまさん」の所と「転んだ」の所を，言い換える。

例えば「だるまさんが…ボクシングをしている」「大きな木が…カミナリに打たれた」等，児童はその気になって動く。（本時のテーマにつながる内容を取り上げていくとよい。）

※カードで遊ぼう

クラスの人数分くらいのイメージかるたを準備する。様々なジャンルが考えられるが，例えば，「スポーツ編」「乗り物編」「いろいろな生き物編」などが動きやすい。三人組になって，始めのリーダーを決める。音楽が止まったらリーダーが好きなカードをめくり即興で動き，後ろの二人はリーダーの真似をする。1回ごとにリーダーを変えていく。一つの動きは30～40秒くらいがよい。

《1時間目》活動2の場面

「激しい！」についてイメージすることを出し合い，即興で踊る。

　いろいろなイメージを膨らませて即興表現ができるようにするために，イメージビンゴ（中心に題材「激しい！」を置きその周り八つにイメージされたものを入れる）やウェビング（「激しい！」から連想されることを書き出す）などを活用する。これらを基に，まずは教師がテーマを一つ決めて，はじめは教師の真似から動いてみる。慣れてきたら自分の好きなテーマで動いたり，同じテーマの仲間と自由に動き合ったりしてみる。（事前に教室で行ってもよい。）

【イメージビンゴの例】

《5時間目》活動1の場面

2～4時間目で学習した中で，好きなイメージを選び，ひとまとまりの動きにして踊る。

　同じテーマで三・四人組になり，一番表したい場面を「なか」にしてひとまとまりの作品を作り上げる。動きや構成を工夫するためには，「変化とメリハリ」をつける事が重要である。変化をつけるためには様々な動きのくずし方を教える。例えば，時間（リズムや速さに変化）や空間（高低や上下左右，跳んだり転がったり）などをくずして，表したい場面を強調して表現できるようにする。また，強弱やアクセントをつけることによりメリハリが生まれる。この観点は6時間目の活動1で評価するが，「変化とメリハリ」については2時間目のボクシングの動きで扱うと指導しやすく，2～4時間目の小テーマで意識しながら取り組めるようにしていくとよい。

【動きのくずし方の例】

②互いの動きや考えのよさを認め合おうとしている児童の姿の例

このような児童の姿が見られるための手立ての例

○行動観察より
・仲間の意見をよく聞いて，互いに考えた動きを取り入れ踊っている。
・仲間の動きを積極的に真似をしている。
・仲間の意見を否定しないで受け入れている。
・振り返りで仲間のよい動きをたくさん見付けて，発表したり書いたりしている。
○学習カードより
・仲間のよい動きを見付けて記述している。

《2時間目》振り返りの場面

仲間のよい動きを見付けるために，振り返りや学習カードを工夫する。

　「仲間のよい動きを見付けている」などは，相互評価がよく取り入れられる。毎時間の振り返りで「今日のキラリ」と題して，付箋紙などを活用し黒板に貼らせていく。本時のめあてにしたがってどんなところ（動き）がどのようによかったのか明確にして記述できるようにする。この活動は単元を通して毎時間行うとよい。ただ貼るだけでなく，よい記述をその場ですぐに紹介したり，次時の導入で紹介したりすると，互いに認め合う雰囲気が高まっていく。

学習の振り返り〜学習カードの工夫〜

　学習カードは，自己評価の見取りとして大変有効である。学習の見通しをもてるようにするためにも，事前に教室で配付しておくとよい。毎時間のめあてを明記して，めあてが達成できたかどうか意識できるようにすることも大切である。振り返りの項目の中に，本時の目標に関する内容を入れることによって，自己評価での見取りがしやすい。

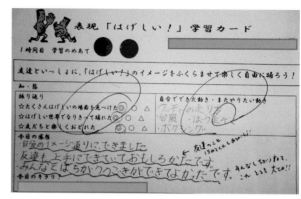

【学習カードの例】

③グループで取り組む際に，仲間と助け合おうとしている児童の姿の例

このような児童の姿が見られるための手立ての例

　○行動観察より
・誰とでも仲よく活動している。
・同じ仲間だけではなく，いろいろな人とペアを組んだりグループになったりしている。
・動きを考えるとき，仲間にアドバイスしたり教え合ったりしている。
・踊れなくて困っている仲間に声をかけて誘っている。
・発表会を成功させるために，みんなと協力している。
　○学習カードより
・「仲間と教え合うことができた」，「悩んでいる仲間にアドバイスできた」等の項目に○がついている。

【2〜4時間目】活動1・2の場面
小テーマから特徴的な場面や動きをいくつかみんなでやってみる。

　誰とでも仲よく活動したり，いろいろな人とペア・グループになれるようにしたりするために，学習形態の工夫が必要である。はじめは教師のリードのもと一人で即興的に踊る。慣れてきたらペアになってテーマを決めて踊り，それからテーマが同じ3〜4人のグループ（毎時間違うメンバー）になって，お互いの意見を尊重しながら活動していくように指導する。（はじめは簡単に動きやすいマンツーマンのボクシング，次にロボットの動きで急変する事件を入れて，最後に自然のダイナミックさを簡単なストーリー性をもたせた動きにして，5，6時間目の発表会へつなげていく。）

　以上，いくつかの評価の手立て等述べてきたが，「学びに向かう力，人間性等」の資質・能力を育むためには，授業中の様々な場面で教師による肯定的な言葉がけ（認める，誉める，励ます）が大切である。児童の自己肯定感を高め，学級全体で互いの個性を認め合える雰囲気をつくり上げていく事が重要である。また，それぞれの評価の場面では，児童の目指す姿を明確にもって，具体的な行動や学習カードから見取ることが求められる。

┌───┐
│ 体育科（運動領域）　　事例5   │
│ キーワード　複数の単元にまたがった「主体的に学習に取り組む態度」の評価（第6学年） │
└───┘

1　「複数の単元にまたがって観点別学習状況評価を行う」際の考え方・進め方について

（1）「複数の単元にまたがって観点別学習状況評価を行う」際の考え方

　本事例では，「学びに向かう力，人間性等」の指導内容を重点化し，複数の単元にまたがった評価の進め方や，学習カードなどから評価資料を収集し，学習状況を評価する例を紹介する。

　体育科（運動領域）においては，「学びに向かう力，人間性等」の指導内容の例示が示されており，「知識及び技能」，「思考力，判断力，表現力等」と同様に，例示を手がかりしながら，各単元の目標や指導内容に対応した評価を行うことが重要である。

　児童一人一人の学びの成果を的確に捉え，教師が指導の改善のための評価を行うには，行動観察や学習カードの記述などから情報を得ることが必要となってくる。一方で，教師が評価のための記録に労力を割かれ，評価に追われてしまえば，必要な指導や支援を行わないまま一方的に評価をするような状況が出てくるおそれがある。このような状況を改善するためには，カリキュラム・マネジメントの視点から，「単元や題材などの内容や時間のまとまりを見通して行うこと」などを通して「教育課程に基づき組織的かつ計画的に各学校の教育活動の質の向上を図っていくこと」が重要とされている。特に運動領域では，「学びに向かう力，人間性等」の指導内容が独自に示されているという特質があり，学年全体の「内容のまとまり」の指導内容を俯瞰しつつ，複数の単元にまたがって重点化して指導する内容を設定し評価するなど，無理のない指導と評価の計画を検討し，指導内容の定着を図るなどの工夫も有効である。このような工夫を行うことで，ねらいとする資質・能力を育成するための時間配当を十分に行うことが可能となり，児童の学びの質的な向上が期待できる。

（2）「複数の単元にまたがって観点別学習状況評価を行う」際の進め方

　本事例は，体つくり運動をはじめとする複数の単元において，「主体的に学習に取り組む態度」の観点別学習状況評価の進め方について取り上げる。第6学年の年度初めに，「主体的に学習に取り組む態度」の中の「運動を行う際の約束を守り，仲間と助け合うこと（以下「公正・協力」）」を例に，重点化した指導と評価の行い方を説明する。

┌───┐
│ ①　カリキュラム・マネジメントの視点から，学年全体の「内容のまとまり」の指導内容を俯瞰 │
│ 　　しつつ，どの内容を重点化するか，配当時期をいつにするか検討する   │
└───┘

　本事例では，単元や題材など内容や時間のまとまりを見通して行うカリキュラム・マネジメントの例として，第6学年の年度初めの時期において，「公正・協力」に関わる内容を取り上げる。ここで「公正・協力」に関わる内容を重点化して指導することで，自分たちで決めた約束を守り，仲間と互いに助け合って運動をすることで，仲間への信頼感が高まり，互いの関係がより良好になっていくなどのスポーツの価値の実現に関する大切な資質・能力を育むことにつながっていく。そして，その後の体育の学習だけでなく，他教科での学び，日々の学級での活動にも身に付けたことを汎用することができるとともに，「する・みる・支える・知る」といった体育の見方・考え方を働かせることにもつながっていくことが期待できる。こうした見通しをもって，重点化して指導し評価する内容を検討

することが重要である。

> ②　「主体的に学習に取り組む態度」に関する指導内容について，年間指導計画を見通し，どの単元に位置付け，重点化した評価機会をどこに設定するのか検討する

　当該学年の年間指導計画を見通し，さらに配当時期に該当する領域の内容を踏まえ，「主体的に学習に取り組む態度」に関する内容をどの単元に位置付け，重点化した評価の機会をどこに設定するのか検討する。4月から5月中旬にかけて実施する「体つくり運動」「陸上運動」の授業では，「公正」を取り上げ，「自分たちで決めた約束を守り運動すること」について指導し，重点化して評価を行う機会を「体つくり運動」に設定する。続いて，5月下旬から7月にかけて実施する「ボール運動」「体つくり運動」「水泳運動」では，「協力」を取り上げ，「仲間と互いに助け合って運動すること」について指導し，重点化して評価を行う機会を「ボール運動」「水泳運動」に設定する。単元ごとに評価機会を設定するのではなく，継続的に指導を行う中で，評価の場面を精選し，重点化した指導と評価が行えるように工夫する。他の「健康・安全」や「共生」などの指導内容についても，複数の指導内容が重ならないよう計画する。

【第6学年 体育科年間指導計画】

【第6学年 4月〜7月の「主体的に学習に取り組む態度」評価の計画】

※　○については，どの単元においても指導と評価を行うようにし，◎については重点化した指導と評価を行う機会とする。

> ③　該当する単元の指導事項やめざす児童の学びの姿，具体的な行動を整理し，評価規準や評価方法について検討する

　解説の例示を手がかりに，指導事項，児童の学びの姿と具体的な行動について整理し，評価規準や評価機会，評価方法を設定する。指導事項や児童の学びの姿を具体的に整理することにより，何を指導し評価するのか，どのような場面で何を見取るのかが明確になる。

【第6学年　「公正・協力」に関する指導事項・児童の学びの姿と具体的な行動　整理表】

領域名 （配当時期）	指導事項	児童の学びの姿と具体的な行動	
体つくり運動① （4月第1週〜 第2週）	<公正・協力> ・自分たちで決めた約束を守ることは，安全に安心して活動できるようにするために大切であることや，みんなが気持ちよく活動できることにつながることを理解し，取り組もうとすること。	・グループで活動を行う際に，自分たちで考え，決めた約束を守ろうと行動をしたり，自分の思いのままの行動をするのではなく，自分が何をすればよいのか考え行動しようとする姿。	・決めた約束に基づいた行動をしている
陸上運動 （4月第3週〜 5月第2週）		・競走をする際に，自分たちで決めた約束を守り，仲間と一緒に安全に安心して活動ができるように行動しようとする姿。	・約束を守ることを大切にする言動をしている
ボール運動 ネット型 （5月第3週〜 6月第2週）		・チームで練習をする際に，パス練習の相手になったり，準備や片付けを行う際に，手伝ったりするなど，助け合い，仲間の活動を援助している姿。	・仲間を援助している
体つくり運動② （6月第3週〜 第4週）	<公正・協力> ・仲間と助け合って行動することは，互いの信頼感が深まることにつながることや，みんなが安心して活動ができるようになることを理解し，取り組もうとすること。	・ペアやグループで活動を行う際に，仲間のよい動きを見付け，肯定的な声かけをしたり，動きや発言のよさを褒めたりする姿。	・拍手・声かけ・ハイタッチなど肯定的な動きや声かけをしている
水泳運動 （7月第1週〜 第2週）		・ペアやグループで，課題解決のための練習を行う際，手やビート板を引っ張るなどの仲間の活動を補助している姿。	・仲間を補助している

　例えば，「公正」については，「自分たちで決めた約束を守ることは，安全に安心して活動できるようにするために大切であること」を指導し，グループで練習を行う中で，自分たちで決めた約束に基づいた行動をしている児童の姿から学習の状況を見取る。また「協力」については，「仲間と助け合って行動することは，互いの信頼感が高まること」について指導し，ペアやグループで課題解決のための練習を行う場面で，よい動きを見付けて肯定的な声かけをしたり拍手をしたりする児童の姿から学習の状況を見取る。児童の学びの姿や具体的な行動の姿を設定することにより，学習状況を見取る際の視点となる。

　評価方法は，教師による行動観察や，児童の学習カードにおける記述などが考えられるが，授業後に教師が確認しながら行える評価と，授業中の見取りとの適切な組み合わせになるよう留意する。「主体的に学習に取り組む態度」については，学んだことが定着していくためには時間を要するため，それぞれの児童の学習状況を適切に見取りつつ，ある程度，まとまった時間の中で，確実に指導や評価が行うことのできる計画としていくようにする。

2　「主体的に学習に取り組む態度」における指導と評価の実際

　「主体的に学習に取り組む態度」の指導と評価においては，教師がどの場面において何を指導し，そして評価するのか，明確な計画をもつことで，ねらいとする資質・能力の確実な育成につなげていく。複数の単元にまたがって指導と評価を行う場合，児童の学習状況を継続的に授業時の行動観察だ

けでなく，学習カードへの記載内容も重要な視点となる。

【1回目：「公正」に関する指導と行動観察による評価の例】

4月第2週「ONE TEAM～仲間とのきずなで『体つくり運動』の学習を深めよう！（第4時)」

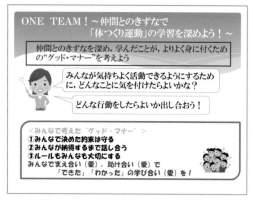

「体つくり運動」では，「公正」に関する内容について，重点化して指導と評価を行う。「自分たちで決めた約束を守ることは，安全に安心して活動できるようにしていくこと」が理解できるようにするため，第4時のはじめに，「"グッド・マナー"を考えよう」という活動を取り入れる。学級全体で話合いをし，ここで出された意見を「みんなで考えた"グッド・マナー"」としてまとめ，今後の学習での行動目標となるようにする。後半の活動の中で「みんなで決めた約束は守る」といった言葉がけや行動ができているか，行動観察により，学習状況を見取っていくようにする。

【学びの状況　把握のためのめやす（「公正」について）】

運動を行う際の約束を守り，仲間と助け合うこと	「十分満足できる」状況（A）	常に約束を守ろうと行動をしたり，自分の思いのままの行動をするのではなく，自分が何をすればよいのか考え行動したりしようとしている。
	「おおむね満足できる」状況（B）	約束を守ろうと行動をしたり，自分が何をすればよいのか考え行動したりしようとしている。
	「努力を要する」状況（C）	友達の言葉がけにより，約束を守ろうと行動したり，自分が何をすればよいのか考え行動したりしようとしている。

【2回目：「協力」に関する指導と行動観察及び学習カードによる評価の例】

5月第3週「ONE TEAM～仲間とのきずなで『ソフトバレー』の学習を深めよう！（第3時)」

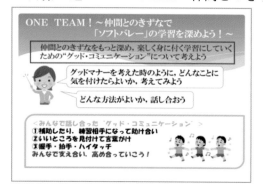

「ボール運動（ネット型)」の学習では，「協力」に関する内容について，指導と評価を行う。「仲間と互いに助け合って運動すること」の学習が深まっていくようにするため，「グッド・コミュニケーション」について話し合う活動を取り入れる。その際，「グッド・マナーを考えた時のように，どんなことに気を付けたらよいか，考えてみよう」と体つくり運動での学習を振り返りながら，どんな行動がよいのか，考えるようにする。

学習の振り返りの場面で，本時の学習を振り返り，実際にどのような援助をしたか，自分の行動を振り返って，学習カードに記入するようにし，学習カードに記載されている児童の記述内容を踏まえ，行動観察とあわせて，「仲間と協力すること」に関する学習状況を見取っていくようにする。

【学びの状況　把握のためのめやす（「協力」について）】

運動を行う際の約束を守り，仲間と助け合うこと	「十分満足できる」状況（A）	パス練習の相手になったり，準備や片付けを行う際に，手伝ったりしたりするなど，仲間の活動を援助しようとしている。
	「おおむね満足できる」状況（B）	パス練習の相手になった，準備や片付けを行う際に，手伝ったなど，1つでも仲間の活動を援助しようとしている。
	「努力を要する」状況（C）	友達の働きかけで，パス練習の相手になったり，準備や片付けを行う際に，手伝ったりするなど，仲間の活動を援助しようとしている。

【学習カードの例】

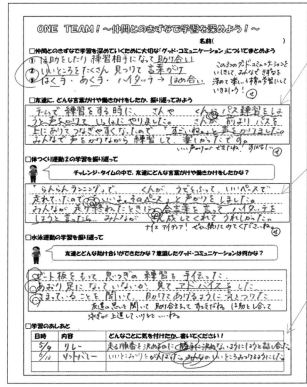

「ボール運動」の学習（第3時）での振り返り場面で記入する。話し合ったことの要点を書き，振り返りを記入することで，「仲間と助け合うこと」の理解が深まるようにしていく。

「体つくり運動②」の学習での振り返りの場面で活用する。重点化して評価する機会としていないが，児童が学びのあしあとを記入することで，児童自身が学習の状況を確認することができるようにする。

その他，体つくり運動①や陸上運動の学習の中で，自分の学びの状況がどうであったか，一言記入する機会を設けるようにする。特に「主体的に学習に取り組む態度」については，記録を残すことで，自己の成長が確認できるような手立ても有効である。

【3回目：「協力」に関する指導と行動観察及び学習カードによる評価の例】
7月第2週「ONE　TEAM～仲間とのきずなで『水泳運動』の学習を深めよう！（第5時）」

「水泳運動」の学習では，「協力」に関する内容について，重点化した指導と評価を行う。「仲間と互いに助け合って運動すること」の学習が深まっていくようにするため，これまでの学習カードの記述から，「仲間とのきずなが深まったエピソード」について紹介する。「練習の時，『前より，動きがリズミカルになっていていいね。』と声をかけたり，ハイタッチしてくれたりして自信がついた。」といったようなエピソードを紹介し，仲間と助け合うことについて取り組んできたことをさらに意識化し，課題解決のための活動場面などで，仲間の練習を補助したり，アドバイスをしたりするなど，仲間に対してできる支援の方法を考え，行動していけるようにする。

学習の振り返りの場面で，本時の学習を振り返り，実際にどのような援助をしたか，自分の行動を振り返って，学習カードに記入するようにし，学習カードに記載されている児童の記述内容を踏まえ，行動観察とあわせて「仲間と協力すること」に関する学習状況を見取っていくようにする。

以上，本事例では，「主体的に学習に取り組む態度」に関する指導内容の一つである「公正・協力」を重点化し，複数の単元にまたがった指導と評価の例について紹介してきた。複数の単元にまたがったとしても，「児童の学習の成果を的確に捉え，教員が指導の改善を図るとともに，児童自身が自らの学びを振り返って次の学びに向かうことができるようにする」といった指導と評価の考え方は他の事例と同様である。示された指導内容に留意しつつ，各単元において重点的に指導する内容を絞り，指導することで，指導内容の明確化を図り，指導と評価のつながりをより確かなものとする。その中で特に「努力を要する」状況（C）と判断された児童へは，約束ごとを視覚化して見せたり，「やってみる→振り返る」など「できた」ことに実感がもてるよう支援を行ったりするなど，個別の支援を行いながら，学んだことが身に付くようにしていくことが大切である。

小学校体育科（保健領域）　事例6

キーワード　保健領域における指導と評価の計画から評価の総括まで

単元名	内容のまとまり
体の発育・発達	第4学年(2) 体の発育・発達

1　単元の目標

(1) 年齢に伴う体の変化と個人差，思春期の体の変化，体をよりよく発育・発達させるための生活について理解することができるようにする。

(2) 体の発育・発達について，課題を見付け，その解決に向けて考え，それを表現することができるようにする。

(3) 体の発育・発達について，健康の大切さに気付き，自己の健康の保持増進に進んで取り組むことができるようにする。

2　単元の評価規準

知識・技能	思考・判断・表現	主体的に学習に取り組む態度
①身長や体重など年齢に伴う体の変化と個人差について，理解したことを言ったり書いたりしている。 ②思春期には，体つきに変化が起こり，人によって違いがあるものの男女の特徴が現れることについて，理解したことを言ったり書いたりしている。 ③思春期には，初経，精通，変声，発毛が起こり，異性への関心も芽生えること，これらは個人差があるものの，大人の体に近づく現象であることについて，理解したことを言ったり書いたりしている。 ④体をよりよく発育・発達させるための生活の仕方には，体の発育・発達によい運動，バランスのとれた食事，適切な休養及び睡眠などが必要であることについて，理解したことを言ったり書いたりしている。	①体の発育・発達について，身長や体重などの年齢に伴う体の変化や思春期の体の変化，体の発育・発達に関わる生活の仕方から課題を見付けている。 ②体の発育・発達について，自己の生活と比べたり，関連付けたりするなどして，体をよりよく発育・発達させるための方法を考えているとともに，考えたことを学習カードなどに書いたり，発表したりして友達に伝えている。	①体の発育・発達について，課題の解決に向けての話合いや発表などの学習や教科書や資料などを調べたり，自分の生活を振り返ったりするなどの学習に進んで取り組もうとしている。

3　指導と評価の計画（4時間）

時間	ねらい・学習活動	知	思	態	評価規準・評価方法
1	【ねらい】 ○　身長，体重など年齢に伴う体の変化と個人差について，理解できるようにする。 1　「体の変化」からイメージすることを出し合い，体や心に変化があることに気付く。 2　教科書や資料から，4人の身長の伸びを比べ，気付いたことを発表する。 3　身長や体重などは年齢に伴って変化すること，体の変化には個人差があることを理解する。 4　身長の伸びについて考えている児童の事例を用い，学習したことを生かしてアドバイスをする。	①			【知識①】 身長や体重など年齢に伴う体の変化と個人差について，理解したことを言ったり書いたりしている状況を【観察・学習カード】で捉える。
2	【ねらい】 ○　思春期には，体つきに変化が起こり，人によって違いがあるものの男女の特徴が現れることについて，理解できるようにするとともに，思春期の体の変化から課題を見付けることができるようにする。 1　「声当てクイズ」，「シルエットクイズ」に取り組み，変声や男女の体つきの変化に気付く。 2　グループで，体つきの変化について考え，ベン図（男・女・共通）を用いて分類しながら話し合う。 3　思春期には，体つきに変化が起こること，人によって違いがあるものの男女の体つきの特徴が現れることを理解する。 4　思春期の体つきの変化について考えている児童の事例を用い，学習したことを生かしてアドバイスをする。	②	①		【知識②】 思春期には，体つきに変化が起こり，人によって違いがあるものの男女の特徴が現れることについて，理解したことを言ったり書いたりしている状況を【観察・学習カード】で捉える。 【思考・判断・表現①】 体の発育・発達について，身長や体重などの年齢に伴う体の変化や思春期の体の変化，体の発育・発達に関わる生活の仕方から課題を見付けている状況を【観察・学習カード】で捉える。
3	【ねらい】 ○　思春期には，初経，精通，変声，発毛が起こることなどについて，理解できるようにするとともに，体をよりよく発育・発達させるための方法を考え，発表することができるようにする。 1　教師の話から，思春期には初経，精通など体の変化が起こることを知る。 2　初経，精通，変声，発毛について，教科書や資料を基に調べ，気付いたことを発表する。 3　思春期には，初経，精通，変声，発毛が起こること，異性への関心も芽生えること，これらは，個人差があるものの，大人の体に近づく現象であることを理解する。 4　思春期の体の変化について心配している児童の事例を用い，学習したことを生かしてアドバイスをする。	③	②		【知識③】 思春期には，初経，精通，変声，発毛が起こり，異性への関心も芽生えること，これらは個人差があるものの，大人の体に近づく現象であることについて，理解したことを言ったり書いたりしている状況を【観察・学習カード】で捉える。 【思考・判断・表現②】 体の発育・発達について，自己の生活と比べたり，関連付けたりするなどして，体をよりよく発育・発達させるための方法を考えているとともに，考えたことを学習カードなどに書いたり，発表したりして友達に伝えている状況を【観察・学習カード】で捉える。
4	【ねらい】 ○　学習に進んで取り組むとともに，体をよりよく発育・発達させるための生活の仕方には，体の発育・発達によい運動，バランスのとれた食事，適切な休養及び睡眠などが必要であることを理解できるようにする。 1　体をよりよく成長させるために必要だと思うことを出し合う。 2　出た意見をYチャートで三つ（運動，食事，休養・睡眠）に分類する。 3　どのような生活をすれば，体をよりよく発育・発達できるかをグループで話し合う。 4　体の発育・発達によい運動，多くの種類の食品をとることができるようなバランスのとれた食事，適切な休養及び睡眠が必要であることを理解する。 5　これまでの自分の生活を振り返り，自分の目標を決める。	④		①	【知識④】 体をよりよく発育・発達させるための生活の仕方には，体の発育・発達によい運動，バランスのとれた食事，適切な休養及び睡眠などが必要であることについて，理解したことを言ったり書いたりしている状況を【観察・学習カード】で捉える。 【主体的に学習に取り組む態度①】 体の発育・発達について，課題の解決に向けての話合いや発表などの学習や教科書や資料などを調べたり，自分の生活を振り返ったりするなどの学習に進んで取り組もうとしている状況を【観察・学習カード】で捉える。

※「主体的に学習に取り組む態度」については，単元全体で評価していくため破線で示している。
※「知識・技能」，「思考・判断・表現」については，各授業後や単元終了後に学習カードやノートの記載等からも評価することで評価の信頼性を高めることができる。

第3編
事例6

4　観点別学習状況の評価の進め方

（1）児童の学習改善につなげる評価

　　保健の学習は，小学校第3学年から高等学校まで継続的に行われる学習である。小学校段階から，保健の学習内容に関心をもてるようにするとともに，健康に関する課題を解決する学習を積極的に行うなどの指導方法を工夫・改善することで，資質・能力をバランスよく育み，心身の健康を保持増進することができる。

　　こうした資質・能力を育成する上で，評価は重要となる。保健の学習の評価活動は，大きく分けると，以下の三つの局面が考えられる。

①児童が，保健に関する知識や関心をどの程度もっているのかを見取るとともに，児童の発達の段階や態度，発言，行動などから，学習内容の重点等を鑑み，授業の計画を立てる局面（診断的評価）。

②単元の保健の学習の中で，児童がどのように変容しつつあるのかを見取り，次なる課題を提示したり，指導の在り方の修正を考えたりする局面（形成的評価）。

③保健の学習が目標に対してどの程度まで達成できたのかを，児童の学習状況から見取る局面（総括的評価）。

　　この中の形成的評価は，教師の指導改善，児童の学習改善につながる評価となる。形成的評価は，単元の中で繰り返し実施していくことが求められる。これは，学習評価を成績付け等の総括的な評価のみにとどまらせることなく，形成的な評価を実施する中で，教師の指導改善，児童の学習改善につながるようにしていくためである。このような評価を実施していく上で，以下の点に留意していく。

- ・本時のねらいを明確に示し，学習の見通しをもたせること
- ・観点ごとの評価場面を意図的・計画的に設定すること
- ・多様な評価方法を用いること
- ・教師によって評価の方針が変わることがないように，指導と評価の一体化をより一層推進すること
- ・評価の必要性・妥当性に配慮し学校全体で共有していくこと
- ・記録を集めることに終始して，学期末や学年末になるまで必要な指導や支援を行わないまま一方的に評価をするようなことがないようにすること

（2）指導と評価の一体化

　　「学習指導」と「学習評価」は学校の教育活動の根幹に当たり，これらを一体化することが授業改善につながる。すなわち，教師自らがねらいに応じて指導したことを適切に評価するとともに，（1）で説明したように評価したことを指導の改善に生かしていくのである。そのことを踏まえて，保健の学習においても「主体的・対話的で深い学び」の視点からの授業改善を通して資質・能力を確実に育成していくことが大切となる。

　　本単元では，子供たち一人一人が，保健の学習への興味・関心を高め，楽しく取り組める授業づくりとして，既存の知識からイメージを広げさせていくことやクイズ形式の導入を活用し，学習に取り組ませていく。

また，健康に関する課題を解決する学習を取り入れ，既存の知識や習得した知識を基にグループや個人での話合いや思考ツール（ベン図・Yチャート等）を活用した学習を展開することで，健康課題を発見し，主体的に課題解決に取り組む学習の充実を図っている。

　こうした指導を展開することが，学習指導要領解説の目標や内容，改善等通知の「観点の趣旨」などを踏まえて作成した単元の評価規準に示された児童の「おおむね満足できる」状況の実現につながるのである。「おおむね満足できる」状況については，児童の学習する姿をある程度想定し，具体的に示すことが必要となる。評価の際は，「おおむね満足できる」状況を基に，質的な高まりや深まりをもっていると判断できれば「十分満足できる」状況，達していなければ「努力を要する」状況となることを判断する。

　この時，大切なことは，評価規準である「おおむね満足できる」状況に達していない場合，その状況に達するように，その後の指導や支援を工夫することが必要である。新たな発問を加える，具体例で考えさせる，一例を挙げさせてみる，友達と意見を交流させてみるなど，それぞれの場面に応じた工夫が求められる。さらに，評価の重点には示していなくとも，「努力を要する」状況と判断した児童については，追ってその状況を観察していくことが考えられる。

　児童が「おおむね満足できる」学習の実現状況に達している場合は，さらに「十分満足できる」状況を目指して，指導や支援の工夫をしていくことになるが，「十分満足できる」状況と判断できる児童の姿は多様に想定されることに留意する。

（3）基本的な考え方

　評価の機会を設定する際には，資質・能力を育成する上で，評価する観点を明確に示すとともに適切に評価機会を設けることで，評価資料の収集・分析に多大な時間を要していないかを確認するなど，効果的・効率的な学習評価を実施することに留意する必要がある。事例では，単元の評価を，効果的・効率的に進めるために，3観点の評価を重点化し，1時間の評価の観点を多くとも2観点としている。また，「主体的に学習に取り組む態度」は，最後の時間に総括として評価することとした。

　各観点については次のとおりである。

　「知識・技能」の評価については，毎時間評価している。児童の発言を観察から評価するとともに，1時間の学習の軌跡として，学習カードなどから評価していくことが考えられる。なお，第4時では単元の総括として，知識を評価する場合，これまでの学習状況の定着と合わせて，ペーパーテストを活用することも一つの方法として考えられる。

　「思考・判断・表現」の評価については，第2時では，既存の知識や気付きを基に，課題を発見する「思考・判断」について観察や学習カードから評価する。第3時では，自己の生活と比べたり，関連付けたりするなどして，体をよりよく発育・発達させるための方法を考える「思考・判断」及び学習を通して考えたことを友達と伝え合う「表現」について観察や学習カードから評価している。なお，「思考・判断・表現」を評価する際には，学習カードの記載内容のみで評価すると「知識」の評価と混同してしまう懸念があることに配慮する必要がある。「思考・判断」を評価する際は，なぜそう考えたのか理由を問う欄や自己の生活と比べたり関連付けたりする設問を設定するなど学習カードを工夫することが考えられる。また，「表現」を評価する際には，「知識」として得た内容をどのように「思考・判断」したのかを，発表やグループでの話合い等

において友達などへ伝えている姿から観察で判断していくことが考えられる。また，ポートフォリオを活用するなど評価方法を工夫することも考えられる。

「主体的に学習に取り組む態度」の評価については，学習内容に関心をもつことのみならず，よりよく学ぼうとする意欲をもって学習に取り組む態度を評価する必要がある。その際，「粘り強い取組を行おうとする側面」と「自らの学習を調整しようとしている側面」の二つの側面を評価することが求められる。「粘り強い取組を行おうとする側面」では，例えば第1時では，身長や体重などの年齢に伴う体の変化について，グラフや教科書，資料などから進んで読み取ろうとしている態度を評価していくことが考えられる。「自らの学習を調整しようとする側面」では，例えば第4時では，体をよりよく発育・発達させるために，よりよい生活の仕方についての改善策を記載する際に，友達と話し合ったり，自己のこれまでの生活と比較したりする中で，具体的な改善策を示したり，修正したりしていく態度を評価していくことが考えられる。いずれの側面も，知識及び技能を習得させたり，思考力，判断力，表現力等を育成したりする場面に関わって評価していく。「主体的に学習に取り組む態度」の評価は，育成に時間がかかる点に留意し，1時間ごとの画一的な評価ではなく，単元を通して見取っていくことが重要となる。本単元では，第4時の評価を単元全体の総括的な評価としている。

（4）観点別学習状況の評価の実際

各観点における児童の学習状況については，具体的にその状況を捉え，その学習状況にある背景と指導の方向を考えていくこと大切である。本単元では，評価の信頼性を高めるために，各観点の評価に係る「おおむね満足できる」状況とその評価方法を指導と評価の計画に示している。また，学習評価を次の指導や支援に積極的に生かすことができるように，各観点の評価について，「十分満足できる」状況にあると判断するポイント，「努力を要する」状況と判断した児童への手立ての例を以下に示した。

①「知識・技能」の例

単元の評価規準　①　第1時
身長や体重など年齢に伴う体の変化と個人差について，理解したことを言ったり書いたりしている。
第1時では，年齢に伴う体の変化について，まとめる場面や学習したことを生かしてアドバイスする場面において，身長や体重など年齢に伴う体の変化と個人差について，理解したことを学習カードの記載や発言内容から判断していく。 「十分満足できる」状況にあると判断するポイント ・身長や体重など年齢に伴う体の変化と個人差について，理解したことに加え，グラフから読み取ったことや自分の生活から気付いたことなどを言ったり，書いたりしている。 「努力を要する」状況と判断した児童への手立て ・体の年齢に伴う変化や個人差についての学習内容が定着していないことが考えられるため，身近な事例を示したり，必要に応じて学習を振り返らせたりするなど，個別に説明する。

単元の評価規準　②　第2時
思春期には，体つきに変化が起こり，人によって違いがあるものの男女の特徴が現れることについて，理解したことを言ったり書いたりしている。
第2時では，思春期の体の変化について，まとめる場面や学習したことを生かしてアドバイスする場面において，思春期には，体つきに変化が起こり，人によって違いがあるものの男女の特徴が現れることについて，理解したことを学習カードの記載や発言内容から判断していく。 「十分満足できる」状況にあると判断するポイント ・思春期の体の変化について，理解したことに加え，家族との生活や自分の生活の中から気付いたことなどの具体例を挙げて言ったり書いたりしている。 「努力を要する」状況と判断した児童への手立て ・思春期の体の変化についての学習内容が定着していないことが考えられるため，クイズの内容やベン図での分類内容を個別に振り返らせたり，教科書や資料等で具体的に説明したりする。

単元の評価規準　③　第3時
思春期には，初経，精通，変声，発毛が起こり，異性への関心も芽生えること，これらは個人差があるものの，大人に近づく現象であることについて，理解したことを言ったり書いたりしている。
第3時では，思春期の体の変化について，まとめる場面や学習したことを生かしてアドバイスする場面において，思春期には，初経，精通，変声，発毛が起こることなどについて，理解したことを学習カードの記載や発言内容から判断していく。 「十分満足できる」状況にあると判断するポイント ・思春期の体の変化について，理解したことに加え，家族との生活や自分の生活の中から気付いたことなどの具体例を挙げて言ったり書いたりしている。 「努力を要する」状況と判断した児童への手立て ・思春期の体の変化についての学習内容が定着していないことが考えられるため，初経，精通，変声，発毛それぞれを個別に確認させたり，教科書や資料等で具体的に説明したりする。

単元の評価規準　④　第4時
体をよりよく発育・発達させるための生活の仕方には，体の発育・発達によい運動，バランスのとれた食事，適切な休養及び睡眠などが必要であることについて，理解したことを言ったり書いたりしている。
第4時では，体をよりよく発育・発達させるための生活について，まとめる場面や学習したことを生かして自分の目標を決める場面において，体をよりよく発育・発達させるための生活の仕方には，体の発育・発達によい運動，バランスのとれた食事，適切な休養及び睡眠などが必要であることについて，理解したことを学習カードの記載や発言内容から判断していく。 「十分満足できる」状況にあると判断するポイント ・体をよりよく発育・発達させるための生活の仕方について理解したことに加え，運動，食事，休養・睡眠の改善策を自分の生活と結び付けながら具体例を挙げて言ったり書いたりしている。 「努力を要する」状況と判断した児童への手立て ・体をよりよく発育・発達させるための生活の仕方についての学習内容が定着していないことが考えられるため，運動，食事，休養・睡眠それぞれの内容ごとに大切なポイントを個別に振り返らせる。

②「思考・判断・表現」の例

単元の評価規準　①　第2時
体の発育・発達について，身長や体重などの年齢に伴う体の変化や思春期の体の変化，体の発育・発達に関わる生活の仕方から課題を見付けている。
第2時では，思春期の体の変化について，教科書等を参考にして課題を見付ける場面で，「声当てクイズ」，「シルエットクイズ」の取組やベン図での分類の様子，学習カードの記載内容から判断していく。 「十分満足できる」状況にあると判断するポイント ・具体的な事例や事実に基づいたり，自己の体の発育・発達に結び付けたりしながら理由を明確にして，課題を見付けている。 「努力を要する」状況と判断した児童への手立て ・課題を見付けられないことが考えられるため，自分の身長や体重などの年齢に伴う変化や生活の仕方を振り返らせ，課題に気付けるように促す。

単元の評価規準　②　第3時
体の発育・発達について，自己の生活と比べたり，関連付けたりするなどして，体をよりよく発育・発達させるための方法を考えているとともに，考えたことを学習カードなどに書いたり，発表したりして友達に伝えている。
第3時では，思春期の体の変化について心配している友達にアドバイスを送る場面で，理解したことに基づき考えたアドバイスについて，学習カードへの記載内容や友達などへの発表内容から判断していく。 　「十分満足できる」状況にあると判断するポイント ・自己の生活と比べたり，関連付けたりするなどして，解決方法を考えるとともに，その解決方法の根拠を明らかにして友達に伝えている。 　「努力を要する」状況と判断した児童への手立て ・解決方法が分からないことや学習内容と自己の生活を結び付けられていないことが考えられるため，教科書や資料から読み取れることを個別に説明したり，具体的な生活場面を想起させたりすることで自己の生活と比べさせたり，関連付けたりさせる。

③「主体的に学習に取り組む態度」の例

単元の評価規準　①　第4時
体の発育・発達について，課題の解決に向けての話合いや発表などの学習や教科書や資料などを調べたり，自分の生活を振り返ったりするなどの学習に進んで取り組もうとしている。
第4時では，第3時までの学習を踏まえ，課題の解決に向けての話合いや発表などの学習や教科書や資料などを調べたり，自分の生活を振り返ったりするなどの学習に進んで取り組もうとしている状況を観察し，判断していく。 　「十分満足できる」状況にあると判断するポイント ・1時間目からの学習を生かしながら，話合いや発表などの学習，教科書や資料などを調べたり自分の生活を振り返ったりするなどの学習，学習カードに自分の考えをまとめる学習などに自ら進んで取り組んでいる。 　「努力を要する」状況と判断した児童への手立て ・目標を立てる場面で，既習事項と結び付かず自分の生活を振り返られきれていない場合や自分の生活から課題を見付けられない場合が考えられるため，運動，食事，休養・睡眠について，一つ一つ丁寧に知識の内容を確認させたり，生活について一例を挙げ，自分の生活について具体的に考えられるように発問を加えたりしていく。

5　観点別学習状況の評価の総括

（1）評価結果のＡ，Ｂ，Ｃの数を基に総括する。

　本単元では，単元の評価規準に照らし，「十分満足できる」状況（Ａ），「おおむね満足できる」状況（Ｂ），「努力を要する」状況（Ｃ）により評価を行い，Ａが半数を超える場合にはＡ，Ｃが半数を超える場合にはＣ，それ以外はＢとする考え方に立って総括を行った。また，ＡとＣが同一観点に混在する場合は，Ｂに置き換えて集約している。

　事例（児童Ａ）では，第2時の「思考・判断・表現」で（Ｃ）と評価しているが，「（2）指導と評価の一体化」で示したように，「おおむね満足できる」状況に達していない場合は，その後の指導や支援を工夫していく必要がある。第3時では，その後の経過を見取り，児童の学習状況が「おおむね満足できる」状況にあると判断できたため（Ｂ）の評価を追記している。こうした指導と評価が，児童の学習改善，教師の指導改善へとつながっていくものであると考える。

　「主体的に学習に取り組む態度」については，知識及び技能を習得させたり，思考力，判断力，表現力等を育成したりする場面に関わって評価するものであり，他の二つの観点との関連に留意する必要がある。また本事例では，単元を通して評価することとしているため，第1時から第3時での児童の学習状況を踏まえ，第4時の記録を単元の総括として評価することとした。

	観点	第1時	第2時	第3時	第4時	単元の総括
氏名（児童A）	知	①→C	—	—	—	B
		—	②→B	—	—	
		—	—	③→B	—	
		—	—	—	④→A	
	思	—	①→C	—（①→B）	—	B
		—	—	②→B	—	
	態	—	—	—	①→B	B
氏名（児童B）	知	①→B	—	—	—	A
		—	②→A	—	—	
		—	—	③→A	—	
		—	—	—	④→A	
	思	—	①→A	—	—	B
		—	—	②→B	—	
	態	—	—	—	①→A	A

※○囲みの数字は各観点に応じた評価規準となる。

（2）評価結果のＡ，Ｂ，Ｃを数値に置き換えて総括する。

　評価結果Ａ，Ｂ，Ｃを，Ａ＝3，Ｂ＝2，Ｃ＝1によって表して，合計したり，平均したりする総括の方法である。総括の結果をＢとする範囲を［2.5≧平均値≧1.5］とすると，平均値が2.5を上回る場合はＡ，平均値が1.5を下回る場合はＣとなる。事例（児童Ａ）の「知識・技能」では，「Ｃ・Ｂ・Ｂ・Ａ」となり，平均値は［(1＋2＋2＋3)÷4］＝2で総括の結果はＢとなる。事例（児童Ｂ）の「知識・技能」では，「Ｂ・Ａ・Ａ・Ａ」となり，平均値は［(2＋3＋3＋3)÷4］＝2.75で総括の結果はＡとなる。

	観点	第1時	第2時	第3時	第4時	平均	単元の総括
氏名（児童A）	知	1	2	2	3	2	B
	思	—	1	2	—	1.5	B
	態	—	—	—	2	2	B
氏名（児童B）	知	2	3	3	3	2.75	A
	思	—	3	2	—	2.5	B
	態	—	—	—	3	3	A

単元名	内容のまとまり
心の健康	第5学年(1) 心の健康

1　単元の目標

(1) 心の発達，心と体との密接な関係，不安や悩みへの対処について，理解することができるようにするとともに，不安や悩みへの対処についての技能を身に付けることができるようにする。

(2) 心の健康について，課題を見付け，その解決に向けて思考し判断するとともに，それらを表現することができるようにする。

(3) 心の健康について，健康や安全の大切さに気付き，自己の健康の保持増進や回復に進んで取り組むことができるようにする。

2　単元の評価規準

知識・技能	思考・判断・表現	主体的に学習に取り組む態度
①心は，様々な生活経験や学習を通して，年齢に伴って発達することについて，理解したことを言ったり書いたりしている。 ②心と体は，深く影響し合っていることについて，理解したことを言ったり書いたりしている。 ③不安や悩みへの対処には，気持ちを楽にしたり，気分を変えたりするなど様々な方法があり，自分に合った適切な方法で対処できることについて，理解したことを言ったり書いたりしている。 ④不安や悩みの対処として，体ほぐしの運動や深呼吸を取り入れた呼吸法などについて，理解したことを言ったり書いたりしているとともに，それらの対処ができる。	①心の発達に関する事柄から，心の健康に関わる課題を見付けている。 ②不安や悩みへの対処について，自分の経験と学習したことを関連付けて考えたり，選んだりした方法がなぜ適切なのか，理由をあげて学習カードに書いたり，友達に伝えたりしている。	①心の健康について，課題の解決に向けての話し合いや発表などの学習や，教科書や資料を調べたり，自分の生活を振り返ったりするなどの学習に進んで取り組もうとしている。

第3編
事例7

3　指導と評価の計画（4時間）

時間	ねらい・学習活動	知	思	態
1	【ねらい】 ○心は，様々な生活経験や学習を通して，年齢に伴って発達することについて，理解することができるようにするとともに，心の発達に関する事柄から，心の健康に関わる課題を見付けることができるようにする。 1　心の発達について，幼い頃と現在の違いについて考える。 2　体の成長に栄養が必要なように，心の成長に必要なものは何か話し合う。	①	①	

時	学習内容			
	3 心は，様々な生活経験や学習を通して，年齢に伴って発達することを理解する。 4 よりよく心を発達させる適切な方法について，自分の生活に関連付けて学習カードに記入する。			
2	【ねらい】 ○心と体は，深く影響し合っていることについて，理解することができるようにする。 1 心と体がつながっていると感じたことについて考える。 2 各自の体験を基に心から体，体から心への影響に分類する。 3 心と体は密接に関係していることを理解する。 4 本時の学習を振り返り，今後の生活に生かせることを学習カードに記入する。	②		
3	【ねらい】 ○不安や悩みへの対処には，気持ちを楽にしたり，気分を変えたりするなど様々な方法があり，自分に合った適切な方法で対処できることについて，理解することができるようにするとともに，自分の経験と学習したことを関連付けて考えたり，選んだりした方法がなぜ適切なのか，理由をあげて学習カードに書いたり，友達に伝えたりすることができるようにする。 1 事前アンケートから，不安や悩みは多くの人が経験していることを知る。 2 不安や悩みがあるときの対処について，ブレインストーミングを行う。 3 出された意見を分類し，まとめる。 4 不安や悩みへの対処は様々であり，自分に合った適切な方法で対処できることを理解する。 5 今の自分に合った対処を選んで，その理由とともに学習カードに記入する。	③	②	
4 （本時）	【ねらい】 ○不安や悩みの対処として，体ほぐしの運動や深呼吸を取り入れた呼吸法などについて，理解することができるようにするとともに，それらの対処ができるようにする。 1 ある事例を基に「おすすめ対処法」を考え，班で伝え合い，全体で共有する。 2 体ほぐしの運動や深呼吸などは，気持ちを楽にしたり，気分を変えたりするなど不安や悩みへの対処になることを理解する。 3 「おすすめ対処法」の一つである簡単な対処（深呼吸・ストレッチ）を行う。 4 不安や悩みの対処について学んだことを振り返り，「深呼吸・ストレッチ」という言葉を使って学習カードに記入する。	④		①

4 観点別学習状況の評価の進め方

（1）「知識・技能」の評価の考え方

　保健領域の「知識」は，身近な生活における課題の解決に役立つ基礎的な事項であり，健康や安全に関する原則や概念である。そこでは，学習の過程を通した知識の習得状況について評価するとともに，他の学習や生活場面でも活用できる程度に原則や概念を理解したかを評価する。

　また，保健領域の「技能」は，5年生「心の健康」，「けがの防止」に位置付いている。そこでは，知識として学んだことを「〜について自らできる簡単な対処（や手当）ができる」状況で評価する。

（2）本時の授業づくりの意図と「知識・技能」の観点の評価場面

本時は，4／4時間目であり，「知識・技能」の評価規準は，以下のとおりに設定した。

> ・不安や悩みの対処として，体ほぐしの運動や深呼吸を取り入れた呼吸法などについて，理解したことを言ったり，書いたりしているとともに，それらの対処ができる。【知識・技能】

《第4時の学習活動の構造》

導入	展開1 【知識】	展開2 【技能】「やってみよう」	ま と め	振り返り【知識・技能】
前時の学習（3／4時間目）を確認する。	ある事例について，「おすすめ対処法」を班で考える。前時の学習で学んだことを活用して考えたり，選んだりする。その後，全体で共有する。	「おすすめ対処法」の一つである対処（深呼吸・ストレッチ）を行う。		不安や悩みへの対処について，本時の学習を振り返り，分かったことを学習カードに記入する。

評価1：観察・自己評価　　　　　　　　　　評価2：学習カード

わかる	できる	振り返る
不安や悩みへの対処には，気持ちを楽にしたり，気分を変えたりするなど様々な方法があり，その中の一つに深呼吸や体ほぐしの運動など簡単な対処があることが分かる。	普段の生活に関連付けたり，動機付けたりして深呼吸や体ほぐしの運動を行う。不安や悩みへの対処を行う意義や方法が分かってできる。	本時の学習を振り返り，不安や悩みへの対処を行う意義や方法について，「深呼吸・ストレッチ」という言葉を使って「不安や悩みがあるときは・・」に続けて学習カードに記入する。

本事例における「知識・技能」の評価は，評価2に重点を置き，評価1の結果を加味して総合的に評価することとした。

評価1は，深呼吸や体ほぐしの運動を行うことを通して，「展開1」で理解したことができているかを，児童の自己評価の記入状況を参考に，教師の観察で評価した。具体的には，「展開1」で，不安や悩みが伴う事例について前時の学習で学んだことを活用し，「おすすめ対処法」を選んだり，考えたりした。そして，様々な「おすすめ対処法」には，気持ちを楽にしたり，気分を変えたりする効果があること，その対処の一つに深呼吸や体ほぐしの運動などがあることを全体で共有した。「展開2」につなげるため，自己評価の「□たり□たりする方法」の□の部分を全員で確認しながら，対処を行う意義について学習カードに書き込んだ。その後，「展開1」の「おすすめ対処法」の中から，椅子に座ったまま個人でできる深呼吸と体ほぐしの運動（ストレッチ）を「やってみよう」として「展開2」で行った。深呼吸やストレッチは，すべての児童に身に付けさせたい技能であることから，評価の信頼性を高めたり，対処の方法が分からないでいる児童を見極めたり，支援したりするために，教師の観察とともに児童の自己評価を参考にした。そこでは，「努力を要する」状況と判断した児童に対して，重点的な指導の手立てを講じ，その状況のみ評価1の評価とした。

評価2は，学習の過程を通した「知識・技能」の習得状況を学習カードの記入状況で評価した。具体的には，本時で行った「深呼吸・ストレッチ」という言葉を使って，

時	氏名	評価1	評価2	総合評価
4校時	○○　○○	—	A	A
	○○　○○	—	B	B
	○○　○○	C→B	B	B

学習を振り返り，不安や悩みへの対処について分かったことを生活場面でも活用できる程度にその対処を行う意義や方法を理解したかで評価した。

《評価1・評価2の学習カードの例》

「展開2」では,「展開1」で学んだ学習と関連付けたり,何のために行うのかをはっきりさせたりして深呼吸・ストレッチを行った。そこでは,手軽に行える対処であることを指導し,全体で何回か行った。児童の自己評価は,「できる・今一歩」のみとし,深呼吸・ストレッチの方法が分からないでいる児童を見極めたり,支援したりするために活用した。

また,「振り返り」では,本時の学習を振り返り,不安や悩みへの対処を行う意義や方法について,「深呼吸・ストレッチ」という言葉を使って「不安や悩みがあるときは・・・」に続けて学習カードに記入した。そこでは,不安や悩みの対処として,深呼吸や体ほぐしの運動(ストレッチ)などの対処を行う意義や方法について,具体例を挙げて記入している姿を「十分満足できる」状況と判断した。

○「やってみよう」自己評価　　　できる Y → N 今一歩

気持ちを楽にしたり,気分を変えたりする方法					
深呼吸	1回目	2回目	ストレッチ	1回目	2回目
お腹にたまるように鼻で深く息を吸うことができる	Y N	Y N	気持ちいいところまで筋肉を伸ばすことができる	Y N	Y N
口から細くゆっくり息を出すことができる	Y N	Y N	筋肉を緩めることで,筋肉の伸縮を意識することができる	Y N	Y N

評価1場面で活用した自己評価カード(例)

○不安や悩みの対処の仕方について,次の言葉を使って,本時の学習で分かったことを書いてみよう。【深呼吸・ストレッチ】

不安や悩みがあるときは,＿＿＿＿＿＿＿＿＿＿＿
＿＿＿＿＿＿＿＿＿＿＿＿＿＿＿＿＿＿＿＿＿＿＿＿
＿＿＿＿＿＿＿＿＿＿＿＿＿＿＿＿＿＿＿＿＿＿＿＿
＿＿＿＿＿＿＿＿＿＿＿＿＿＿＿＿＿＿＿＿＿＿＿＿

評価2場面で活用した学習カード(例)

評価2「十分満足できる」状況と判断する児童の具体的な姿の例

不安や悩みがあるときは,気持ちを楽にしたり,気分を変えたりするために,深呼吸やストレッチを使うといいことが分かった。自分は,最近勉強しているとイライラして長続きしないので,ストレッチを活用してみたいと思う。また,切羽詰まった時など,時には深呼吸のようなものも重要だと思った。やる意味や意義が分かってやると自分の感じ方も違った。

不安や悩みがあるときは,深呼吸やストレッチを使って,気持ちを楽にしたり,気分を変えたり,簡単に対処ができることが分かった。深呼吸は,胸だけで呼吸していたので始めはできなかったけれど,だんだんやっていくうちにやり方が分かってできるようになった。ストレッチも筋肉の伸縮を意識してやるといいことが分かった。

(3)「知識・技能」における評価の留意点

・保健領域における「技能」は,健康な生活における基礎的・基本的な技能であり,実習を通して理解したことができているかを評価する。そのようなことから,指導内容に「技能」が位置付いている単元の「知識・技能」の評価は,知識と技能を一体とするための評価規準を設ける必要がある。また,そこでは,知識及び技能を一体とするための実習を含む授業展開や評価に役立つ学習カード等を工夫することが求められる。

・保健領域における「知識・技能」は,領域の特性からほぼ毎時間評価の対象となる。より妥当な評価を行うために,単元を通して授業中と授業後で評価する内容を考えたり,観察,学習カード,ペーパーテスト等多様な評価方法を組み合わせたりするなど評価計画を工夫する必要がある。

小学校体育科（保健領域）　　事例8

キーワード　「思考・判断・表現」の評価

単元名	内容のまとまり
病気の予防	第6学年(3) 病気の予防

1　単元の目標

(1) 病気の起こり方，病原体が主な要因となって起こる病気の予防，生活行動が主な要因となって起こる病気の予防，喫煙，飲酒，薬物乱用と健康，地域の様々な保健活動の取組について，理解することができるようにする。

(2) 病気を予防するために，課題を見付け，その解決に向けて思考し判断するとともに，それらを表現することができるようにする。

(3) 病気の予防について，健康や安全の大切さに気付き，自己の健康の保持増進や回復に進んで取り組むことができるようにする。

2　単元の評価規準

知識・技能	思考・判断・表現	主体的に学習に取り組む態度
①病気は，病原体，体の抵抗力，生活行動，環境などが関わりあって起こることについて，理解したことを言ったり書いたりしている。 ②病原体が主な原因となって起こる病気の予防には，病原体の発生源をなくしたり，移る道筋を断ち切ったりして病原体が体に入るのを防ぐことや体の抵抗力を高めておくことが必要であることについて，理解したことを言ったり書いたりしている。 ③生活行動が主な要因となって起こる病気の予防には，全身を使った運動を日常的に行うこと，糖分，脂肪分，塩分などを摂りすぎる偏った食事や間食を避けたりすることなど，健康によい生活習慣を身に付ける必要があることについて，理解したことを言ったり書いたりしている。 ④生活行動が主な要因となって起こる病気の予防には，口腔の衛生を保ったりすることなど，健康によい生活習慣を身に付ける必要があることについて，理解したことを言ったり書いたりしている。 ⑤喫煙は，呼吸や心臓のはたらきに対する負担などの影響がすぐに現れることや受動喫煙により周囲の人の健康にも影響を及ぼすこと，飲酒は，判断力が鈍る，呼吸や心臓が苦しくなるなどの影響がすぐに現れることについて，理解したことを言ったり書いたりしている。 ⑥薬物乱用は，一回の乱用でも死に至ることがあり，乱用を続けると止められなくなり，心身の健康に深刻な影響を及ぼすことについて，理解したことを言ったり書いたりしている。 ⑦人々の病気を予防するために，保健所や保健センターなどでは，健康な生活習慣に関わる情報や予防接種などの活動が行われていることについて，理解したことを言ったり書いたりしている。	①病気の予防について，病気の起こり方に関わる事象から課題を見付けている。 ②病原体が主な原因となって起こる病気の予防について，学習したことを活用して，予防の方法を考えたり，適切な方法を選んだりしている。 ③生活行動が主な要因となって起こる病気の予防について，学習したことを自分の生活と比べたり，関連付けたりするなどして適切な解決方法を考えている。 ④喫煙・飲酒が健康を損なう原因となることについて，なぜ健康への影響があるか，考えたことを学習カードに書いたり，友達に説明したりしている。	①病気の予防について，課題の解決に向けての話合いや発表などの学習や，教科書や資料を調べたり，自分の生活を振り返ったりするなどの学習に進んで取り組もうとしている。

第3編
事例8

3 指導と評価の計画

時間	ねらい・学習活動	知	思	態
1	【ねらい】病気は，病原体，体の抵抗力，生活行動，環境などが関わりあって起こることについて，理解することができるようにするとともに，病気の起こり方に関わる事象から課題を見付けることができるようにする。 1　知っている病名をブレインストーミングする。 2　出された病名を病気が起こる要因ごとに分類する。 3　病気は，病原体，体の抵抗力，生活行動，環境などが関わりあって起こることを知る。	①	①	
2 （本時）	【ねらい】病原体が主な原因となって起こる病気の予防には，病原体が体に入るのを防ぐことや体の抵抗力を高めておくことが必要であることについて，理解することができるようにするとともに，学習したことを活用して，予防の方法を考えたり，適切な方法を選んだりすることができるようにする。 1　インフルエンザにかからなかった秘密を考える。 2　病原体が主な要因となって起こる病気の予防について知る。 3　学習したことを活用して，病原体が主な要因となって起こる病気の予防について具体的に考える。	②	②	
3	【ねらい】生活行動が主な要因となって起こる病気には，心臓や脳の血管が硬くなったり詰まったりする病気があることや，その予防には，望ましい生活習慣を身に付ける必要があることについて，理解することができるようにする。 1　Ａさんの１日の生活から，病気になる要因を考える。 2　生活行動がかかわって起こる病気には，心臓や脳の血管が硬くなったり，つまったりする病気があることを知る。	③		
4	【ねらい】生活行動が主な要因となって起こる病気には，むし歯や歯ぐきの病気があることや，その予防には，望ましい生活習慣を身に付ける必要があることについて，理解することができるようにするとともに，学習したことを自分の生活と比べたり，関連付けたりするなどして適切な解決方法を考えることができるようにする。 1　自分の生活の経験から，むし歯や歯ぐきの病気の起こり方について，その原因を考える。 2　その予防の仕方について知り，学習したことをもとに自分の生活に当てはめて考える。	④	③	
5	【ねらい】喫煙，飲酒などの行為は，健康を損なう原因となることについて，なぜ健康への影響があるか，考えたことを学習カードに書いたり，友達に説明したりすることができるようにする。 1　喫煙・飲酒について，三つの学習キーワード（急性影響・慢性影響・未成年への影響）を基に，自分の調べたい課題を決める。 2　教科書や資料を基に喫煙や飲酒による健康への影響を調べ，学習カードに書く。 3　同じ学習キーワードの友達と理由をあげて説明し合い，自己の考えを再形成する。		④	
6	【ねらい】喫煙，飲酒などの行為は，健康を損なう原因となることについて，理解することができるようにする。 1　違う学習キーワードの友達と交流し，喫煙，飲酒の健康を損なう原因について知る。 2　それぞれの学びを全体で共有する。 3　学習したことを基に，喫煙・飲酒を勧められた時の反論を学習カードに書く。	⑤		
7	【ねらい】薬物乱用は，健康を損なう原因となることについて，理解することができるようにする。 1　薬物乱用による健康への影響について調べる。 2　一回の乱用でも死に至ること，止められなくなること，心身の健康に深刻な影響を及ぼすことを知る。 3　学習したことを基に人から誘われたらどう断るか考え，伝え合う。	⑥		
8	【ねらい】地域では，保健にかかわる様々な活動が行われていることについて，理解することができるようにする。 1　学校での保健活動について知る。 2　地域の保健所や保健センターの取組を調べ，発表する。 3　保健所や保健センターなどでは，病気を予防するために様々な取組が行われていることを知る。	⑦		①

第3編
事例8

4　観点別学習状況の評価の進め方

（1）「思考・判断・表現」の評価の考え方

　　保健領域の「思考・判断・表現」は，健康や安全の身近な生活における課題を見付け，その解決に向けて取り組む学習過程において，自分や仲間が直面する課題を比較，分類，整理することや，複数の解決方法を試し，その妥当性を評価し，他者との対話を通して，よりよい解決策を見いだしている状況を評価する。また，思考し判断したことを，言葉や文章及び動作などで表したり，仲間や教師などに理由を添えて伝えたりしている状況を評価する。自己の考えのみならず，仲間の考えたことを他者に伝えることで，他者の考えを取り入れるとともに自己の考えを深めることができるようにすることを意図している。

（2）本時の授業づくりの意図と「思考・判断・表現」の評価場面

　　本時は，2／8時間目であり，本時の単元「思考・判断・表現」の評価規準は以下のとおりに設定した。

> ・病原体が主な原因となって起こる病気の予防について，学習したことを活用して，予防の方法を考えたり，適切な方法を選んだりしている。　　　　　　　　　【思考・判断・表現】

《第2時の学習活動の構造》

導入	展開1	展開2	ま と め	振り返り
欠席が一人いた。次の日，同じ症状で欠席が増え，その後，学級閉鎖となった。病気Xは何かを考える。	病気X（インフルエンザ）にならなかった人もいた。その秘密を考える。	かからなかったAさんの生活のよかった点を整理・分類し，秘密を考える。		学習したことを活用して，ある事例の予防法について考えたり，適切な方法を選んだりしたことを学習カードに書く。

気付く　→　予想する・整理・分類する・理解する　→　活用する

【評価】：学習カード

　　本時の「思考・判断・表現」の評価は，学習したことを活用して，予防の方法を考えたり，適切な方法を選んだりして学習カードに記入している状況を評価することとした。「学習したこと」とは，本時の学習で獲得した知識であり，適切な方法を選んだり，考えたりするためのもとになるものである。このことから「学習したこと」が，活用できる知識となるために重要となる。

　　具体的には，本時の学習では，インフルエンザを取り上げ，病原体が主な原因となって起こる病気の予防の学習を行った。「展開1」では，インフルエンザにならなかった人もいたのはなぜか予想させた。その秘密を，前時の学習である「病気の起こり方」を想起させ，特に，病気の起こる要因である「病原体」，「体の抵抗力」に着目して考えさせた。

　　続いて，「展開2」では，インフルエンザにかかってしまったBさんとかからなかったAさんの生活について資料を提示し，かかってしまったBさんに比べ，Aさんの生活の良かった点を整理・分類し，その秘密を考えた。その後，班で互いの考えを伝え合う過程で自己の考えを精査し，新たな考えを青色で学習カードに記入した。そして，「本時のまとめ」は，学級全体で病原体が主な原因となって起こる病気の予防についてまとめを行った。

第3編
事例8

最後に，学習したことを生かして「振り返り」を行った。具体的には「病原体が体に入るのを防ぐこと」，「体の抵抗力」に関連した二つの事例について，病原体が主な原因となって起こる病気の予防法を考えた。学習したことを活用して適切な予防の方法を「展開2」での学習カードの「具体的な行動」から選んだり，「ひみつ」から考えたりして，学習カードに記入した。

　また，本時の「思考・判断・表現」の評価で「十分満足できる」状況と判断する児童は，学習したことを活用して，適切な方法を選んだり，考えたりして学習カードに記入している状況に加えて，その方法がなぜ適切であるか，理由をあげて記入している姿とした。

《評価②でＡＢＣと判断した学習カード例》

「十分満足できる」状況と判断する児童の具体的な姿の例

Q3 今日学習したことを活用して，適切な予防法を考えよう。

インフルエンザが流行し始めました。来週，友達と映画に行く約束をしています。どうしよう・・・。

予防法

行かないのが一番だね。どうしても行くなら，移る道筋を断ち切るためにマスクをしていきなよ。あそこはアルコールが置いてあるから，病原体をなくすために，手の消毒をするといいよ。あとは，体の抵抗力を高めために，今からでも遅くないからインフルエンザの予防接種をしたり，それから，十分なすいみんやバランスの良い食事を取ったりして体調を万全にして，行っておいでよ。

家族の1人が，インフルエンザにかかってしまいました。どうしよう・・・。

予防法

病原体を体に入れないことが大切だよ。移る道すじを断ち切るために，かかった人だけ，別室で過ごしてもらうといいよ。それから，自分自身が，手洗い・うがいをしっかり行うことも大切だね。手洗いの後病原体をなくすために，手をアルコールで消毒するのもいいね。天気なら布団も干したほうがいいよ。インフルエンザにかからないよう気を付けてね。

「おおむね満足できる」状況と判断する児童の具体的な姿の例

Q3 今日学習したことを活用して，適切な予防法を考えよう。

インフルエンザが流行し始めました。来週，友達と映画に行く約束をしています。どうしよう・・・。

予防法

マスクをしたり，手の消毒をしたりするといいよ。あとは，インフルエンザの予防接種をするといいよ。それから，十分なすいみんやバランスの良い食事を取ったりして体調を万全にして，行っておいでよ。

家族の1人が，インフルエンザにかかってしまいました。どうしよう・・・。

予防法

かかった人だけ，別室で過ごしてもらうといいよ。それから，自分自身が，手洗い・うがいをしっかり行うことも大切だね。手洗いの後，手をアルコールで消毒するのもいいね。天気なら布団も干したほうがいいよ。インフルエンザにかからないよう気を付けてね。

「努力を要する」状況と判断する児童の具体的な姿の例

・児童の姿…事例とインフルエンザの予防法を関連付けられず，記入できない。
・手立て…事例の状況を想像させ，学習カードの記述や板書から，どの具体的な行動をするとよいか，学習カードに記入するよう指導する。

（3）「思考・判断・表現」における評価の留意点

・体育科保健領域の「思考・判断・表現」の評価では，単元の大きさにより評価規準の設定を「課題発見・表現」，「課題解決・表現」のように評価段階を組み合わせるなどして，評価場面を精選することも考えられる。

・「思考・判断・表現」の評価では，児童の思考の過程が見えるような学習カードの作成が必要である。例えば，学習したことと自分の生活のことを記入できる欄を設け，両者を比較して気付いたことや関連について記入できるようにしたり，事例を設定し学習したことを基にアドバイスを書けるようにしたりすることなどが考えられる。

第3編
事例8

小学校体育科（保健領域）　　事例9

キーワード　「主体的に学習に取り組む態度」の評価

単元名	内容のまとまり
健康な生活	第3学年(1)　健康な生活

1　単元の目標

(1)　健康の状態は，主体の要因や周囲の環境の要因が関わっていること，健康の保持増進には，運動，食事，休養及び睡眠の調和のとれた生活を続けることや体の清潔を保つこと，明るさの調節，喚起などの生活環境を整えることについて，理解することができるようにする。

(2)　健康な生活について，課題を見付け，その解決に向けて考え，それを表現することができるようにする。

(3)　健康な生活について，健康の大切さに気付き，自己の健康の保持増進に進んで取り組むことができるようにする。

2　単元の評価規準

知識・技能	思考・判断・表現	主体的に学習に取り組む態度
①健康の状態には，気持ちが意欲的であること，元気なこと，具合の悪いところがないことなどの心や体の調子がよい状態があることや1日の生活の仕方などの主体の要因や身の回りの環境の要因が関わっていることについて，理解したことを言ったり書いたりしている。 ②健康の保持増進には，1日の生活の仕方が深く関わっており，1日の生活のリズムに合わせて，運動，食事，休養及び睡眠をとることについて，理解したことを言ったり書いたりしている。 ③健康の保持増進には，手や足などの清潔，ハンカチや衣服などの清潔を保つことが必要であることについて，理解したことを言ったり書いたりしている。 ④健康の保持増進には，生活環境が関わっており，部屋の明るさの調節や換気などの生活環境を整えることが必要であることについて，理解したことを言ったり書いたりしている。	①健康な生活について，1日の生活の仕方などの主体の要因や身の回りの環境の要因から健康に関わる課題を見付けている。 ②健康な生活について，運動，食事，休養及び睡眠，体の清潔，明るさの調節や換気などの学習したことと，自分の生活とを比べたり関連付けたりして，1日の生活の仕方や生活環境を整えるための方法を考えるとともに，健康に過ごすために考えた方法を学習カードなどに書いたり，発表したりして友達に伝えている。	①健康な生活について，課題の解決に向けての話合いや発表などの学習や教科書や資料などを調べたり，自分の生活を振り返ったりするなどの学習に進んで取り組もうとしている。

3　指導と評価の計画（4時間）

時間	ねらい・学習活動	知	思	態
1	【ねらい】 ○　健康の状態には，気持ちが意欲的であること，元気なこと，具合の悪いところがないことなどの心や体の調子がよい状態があることや1日の生活の仕方などの主体の要因や身の回りの環境の要因が関わっていることについて，理解することができるようにする。 1　「健康」という言葉からイメージすることを，絵・文字・マーク等自由に書き，内容を共有しながら，健康とは心と体の調子がよい状態であることを理解する。 【思考ツール】マンダラートを用いる。 2　げんきさんの「生活の様子（課題の多い生活）」を見て，生活の仕方の課題を挙げ，げんきさんが健康ではないことを確認する。 3　げんきさんの課題の解決方法をグループで考え，発表する。 【思考ツール】KJ法的手法を用いる。 4　発表内容を基に，生活の仕方・生活の環境に分類し，健康な生活には生活の仕方と生活の環境が大きく影響することを理解する。 5　げんきさんの子供の頃の生活を想起させ，健康な生活は大人になってから気を付けるよりも，子供の頃から気を付けていく方が効果的であることを知る。	①		

時	学習活動			
2	【ねらい】 ○ 健康の保持増進には，1日の生活の仕方が深く関わっており，1日の生活のリズムに合わせて，運動，食事，休養及び睡眠をとることについて，理解することができるようにするとともに，1日の生活の仕方などから課題を見付けることができるようにする。 1 げんきさんの「1日の生活の様子」（悪い例）を見て，課題を見付け，それに対する解決策をグループで考える。【思考ツール】キャンディーチャートを用いる。 ① チャートの左側に課題を書く。 ② チャートの中心部に解決策を書く。 2 解決策の発表内容を基に，「運動」，「食事」，「休養及び睡眠」に分類し，健康な生活を送るために必要な生活の仕方を理解する。 3 なぜ「適度な運動をすること」，「きちんと食事をとること」，「しっかりとした休養や睡眠をすること」が健康な生活につながるのか考える。 ③ チャートの右側に解決策の根拠を書く。	②	①	
3	【ねらい】 ○ 健康の保持増進には，手や足などの清潔，ハンカチや衣服などの清潔を保つことが必要であることについて，理解することができるようにするとともに，健康に過ごすための方法を考え発表できるようにする。 1 げんきさんの「服装や行動の様子」（悪い例）を見て，課題を見付け，それに対する解決策をグループで考える。【思考ツール】キャンディーチャートを用いる。 2 発表内容を整理し，健康な生活を送るために清潔を保つべきものについて理解する。 3 なぜ，「清潔を保つこと」が健康な生活につながるのか考える。 4 2時間目，3時間目の学習内容を振り返り，げんきさんに会って伝えたいことを，個人で学習カードに記入する。	③	②	
4 （本時）	【ねらい】 ○ 学習に進んで取り組むとともに，健康の保持増進には，生活環境が関わっており，部屋の明るさの調節や換気などの生活環境を整えることが必要であることについて，理解することができるようにする。 1 げんきさんの「家の様子」（悪い例）を見て，課題を見付け，それに対する解決策を考える。【思考ツール】キャンディーチャートを用いる。 2 なぜ，「身の回りの環境を整えること」が健康な生活につながるのか考える。 3 自分たちの生活を振り返り，健康な生活を送るために気を付けたことを理由と共に考える。【思考ツール】キャンディーチャートを用いる。 ① 自分たちの生活を振り返り，課題を挙げる。 ② 挙がった課題について，チャートを完成させる。 ③ チャートを「生活の仕方」，「清潔を保つ」，「身の回りの環境を整える」に分類し，黒板に掲示する。 4 キャンディーチャートの分類や内容を基に，学習の振り返りを行う。	④		①

※「主体的に学習に取り組む態度」については，単元全体で評価していくため破線で示している。

4 観点別学習状況の評価の進め方

（1）「主体的に学習に取り組む態度」の評価についての考え方

　「主体的に学習に取り組む態度」では，それぞれの学習場面において，知識を習得したり，思考力，判断力，表現力等を身に付けたりすることに向けた粘り強い取組を行おうとする側面を評価するとともに，その際に，教科書や資料などを見たり，自分の生活を振り返ったりすることを通し，自らの学習を調整しようとする側面も評価していく必要がある。

　本事例では，学習に進んで取り組むことができるような教材を工夫することや自己の学習状況を判断できる振り返りの場面を意図的・計画的に設定することで，児童の「主体的に学習に取り組む態度」の育成に重点を置いた指導と評価の例である。

> 【教材の工夫…ストーリー性をもたせた教材】
> 　児童一人一人が，粘り強い取組を行なおうとするには，学習の見通しを確実にもたせるとともに保健の学習への興味・関心を高めることが必要となる。本事例では，ストーリー性をもたせた教材（プレゼン資料）を活用し，児童の興味・関心を高めるとともに，げんきさんという架空の人物の生活を通した学習過程を設定することで，健康な生活にかかる課題を自分事として捉えやすくし，学習の見通しをもたせながら課題の解決に取り組みやすくした。

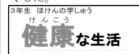

課題　解決策　根拠　→　　生活の仕方で朝起きるといつもねむいところ。　早く起き，たくさん運動や勉強をする。　生活のリズムを整えるとぐっすり眠れるから。

（２）本時の授業づくりの意図と評価の場面

　本時は，4/4時間目であり，「主体的に学習に取り組む態度」の評価規準は以下のように設定した。

・健康な生活について，課題の解決に向けての話合いや発表などの学習や教科書や資料などを調べたり，自分の生活を振り返ったりするなどの学習に進んで取り組もうとしている。

≪第4時の学習状況の構造≫

導入
前時までの学習の振り返りを行う。

展開
げんきさんの家の様子（悪い例）を見て，課題を見付け，それに対する解決策を考える。

まとめ・振り返り
自分の生活を振り返り，健康な生活を過ごすために気を付けていきたいことを理由とともに考える。

評価①（観察）
【学習の流れ】
①グループで話し合い，最も解決するとよい課題とその解決策をキャンディーチャートに書く。
②グループごとに発表を行い，なぜ，身の回りの環境を整えることが健康な生活につながるのかを考える。
③資料を基に解決策の科学的根拠を明確にする。
④グループで話し合い，キャンディーチャートに記載した解決策を改善し，その根拠を書く。

評価②（観察・学習カード）
【学習の流れ】
①単元の学習を通し，自分の生活において最も解決するとよい課題とその解決策，解決策の根拠をキャンディーチャートに書く。
②全員のキャンディーチャートを「生活の仕方」，「清潔を保つ」，「身の回りの環境を整える」分類する。
③課題，具体的な解決策と解決策の根拠が適切に関連しているものを挙げ，全体で共有する。
④自分のキャンディーチャートを振り返り，解決策やその根拠をより明確にしたり，修正したりする。

ア　評価場面①の評価

　ここでは，学習内容に即した課題を設定し，課題に正対した解決策やその根拠をキャンディーチャートにまとめようとしている態度（粘り強い取組を行おうとする側面）を評価する。また，なぜ，身の回りの環境を整えることが健康な生活につながるのかを考える場面で，友達と話し合ったり，資料から根拠となる知識を得たりする中で，解決策やその根拠をより明確にしたり，修正したりしようとしている態度（自らの学習を調整しようとする側面）を評価する。

　ここでの評価は，「おおむね満足できる」状況か，「努力を要する」状況かを判断するにとどめ，キャンディーチャートにまとめられない児童への手だてを講じ，次の指導に生かすようにする。

　なお，第1時から第3時においても評価場面①と同様な評価を行い，第4時の単元の評価へとつなげられるようにすることも考えられる。

イ　評価場面②の評価

　ここでは，単元の学習のまとめとして，自分の生活を振り返り，より健康な生活を過ごすために気を付けていきたいことを根拠とともにキャンディーチャートにまとめようとしている態度

（粘り強い取組を行おうとする側面）と友達のキャンディーチャートの説明を受け，自分のキャンディーチャートの解決策やその根拠をより明確にしたり，修正したりしようとしている態度（自らの学習を調整しようとする側面）を評価する。

　なお，「主体的に学習に取り組む態度」の評価は，第4時の評価が単元の評価となる。この評価は，「主体的に学習に取り組む態度」が，単元で得た知識が身に付いているか，思考・判断したことが解決策や根拠に示されているか，自分の考えを友達に伝えられているかなど，知識の習得や，思考力,判断力,表現力等の育成にどう結び付いているか学習カードの記載等から判断し，総括的に評価していくことが求められる。

```
≪評価②の評価場面の実際≫
「十分満足できる」状況

以下の状況であれば，自ら進んで取り組もうとしていると判断し「十分満足できる」状況として捉える。
・教師の発問によって，教師からの働き掛けがなくてもキャンディーチャートをまとめようとしている。
・解決策やその根拠をより明確にしたり，修正したりするために，新しい資料（ICTや学校図書等）を見付けたり，友達の考えをさらに知ろうと質問したりしようとしている。
※「おおむね満足できる」状況を基に，質的な高まりや深まりをもっていると判断できる場合に「十分満足できる」状況と判断することから，多様に想定されることに留意する必要がある。

↑  教師の支援や指導の工夫

「おおむね満足できる」状況

以下の状況であれば「おおむね満足」できる状況として捉える。
・自分の生活を振り返っての課題やその課題の解決策，学習を通して分かった解決策の根拠について，キャンディーチャートにまとめようとしている。
・友達のキャンディーチャートの説明を受け，自分のキャンディーチャートの解決策やその根拠をより明確にしたり，修正したりしようとしている。

教師の支援や指導の工夫

・自分の生活を振り返ることができない。
・健康課題を捉えることができない。
・課題の解決に向けた解決策が思いつかない。
・解決策の根拠が分からない。　　　等

←

・自分の生活を振り返られるように，具体例で考えさせる。
・健康課題を捉えられるように，新たな発問を加える。
・どんな解決策があるか一例を挙げさせてみる
・意見を交流させ，友達の根拠を知らせる　　等

↓
「努力を要する」状況

以下の状況であれば「努力を要する」状況として捉える。
・キャンディーチャートにまとめられない。
・話合いや発表に取り組めない。
```

（3）「主体的に学習に取り組む態度」の評価にあたっての留意点

・「粘り強い取組を行おうとする側面」，「自らの学習を調整しようとする側面」については，相互に関わり合いながら立ち現れるものと考えられる。実際の評価場面においては，双方の側面を一体的に見取ることも想定されることに留意する。

・「主体的に学習に取り組む態度」の評価は，育成に時間がかかる点に留意し，単元を通して判断していくこととなる。本事例においても，第4時を単元の評価として設定しているが，第1時から第4時の単元を通して評価の充実を図っていく必要がある。その際，「努力を要する」状況にある児童の支援を優先するなどの工夫が考えられる。

巻末資料

小学校体育科における「内容のまとまりごとの評価規準（例）」

Ⅰ　第1学年及び第2学年
1　第1学年及び第2学年の目標と評価の観点及びその趣旨

	（1）	（2）	（3）
目標	各種の運動遊びの楽しさに触れ，その行い方を知るとともに，基本的な動きを身に付けるようにする。	各種の運動遊びの行い方を工夫するとともに，考えたことを他者に伝える力を養う。	各種の運動遊びに進んで取り組み，きまりを守り誰とでも仲よく運動をしたり，健康・安全に留意したりし，意欲的に運動をする態度を養う。

（小学校学習指導要領 P.142）

観点	知識・技能	思考・判断・表現	主体的に学習に取り組む態度
趣旨	各種の運動遊びの行い方について知っているとともに，基本的な動きを身に付けている。	各種の運動遊びの行い方を工夫しているとともに，考えたことを他者に伝えている。	各種の運動遊びの楽しさに触れることができるよう，各種の運動遊びに進んで取り組もうとしている。

（改善等通知　別紙4　P.19）

2　内容のまとまりごとの評価規準（例）
A　体つくりの運動遊び

知識・技能	思考・判断・表現	主体的に学習に取り組む態度
次の運動遊びの行い方を知っているとともに，体を動かす心地よさを味わったり基本的な動きを身に付けたりしている。 ・体ほぐしの運動遊びでは，手軽な運動遊びを行い，心と体の変化に気付いたり，みんなで関わり合ったりしている。 ・多様な動きをつくる運動遊びでは，体のバランスをとる動き，体を移動する動き，用具を操作する動き，力試しの動きをしている。	体をほぐしたり多様な動きをつくったりする遊び方を工夫しているとともに，考えたことを友達に伝えている。	運動遊びに進んで取り組もうとし，きまりを守り誰とでも仲よく運動をしようとしていたり，場の安全に気を付けたりしている。

B　器械・器具を使っての運動遊び

知識・技能	思考・判断・表現	主体的に学習に取り組む態度
次の運動遊びの行い方を知っているとともに，その動きを身に付けている。 ・固定施設を使った運動遊びでは，登り下りや懸垂移行，渡り歩きや跳び下りをしている。 ・マットを使った運動遊びでは，いろいろな方向への転がり，手で支えての体の保持や回転をしている。 ・鉄棒を使った運動遊びでは，支持しての揺れや上がり下り，ぶら下がりや易しい回転をしている。 ・跳び箱を使った運動遊びでは，跳び乗りや跳び下り，手を着いてのまたぎ乗りやまたぎ下りをしている。	器械・器具を用いた簡単な遊び方を工夫しているとともに，考えたことを友達に伝えている。	運動遊びに進んで取り組もうとし，順番やきまりを守り誰とでも仲よく運動をしようとしていたり，場や器械・器具の安全に気を付けたりしている。

C　走・跳の運動遊び

知識・技能	思考・判断・表現	主体的に学習に取り組む態度
次の運動遊びの行い方を知っているとともに，その動きを身に付けている。 ・走の運動遊びでは，いろいろな方向に走ったり，低い障害物を走り越えたりしている。 ・跳の運動遊びでは，前方や上方に跳んだり，連続して跳んだりしている。	走ったり跳んだりする簡単な遊び方を工夫しているとともに，考えたことを友達に伝えている。	運動遊びに進んで取り組もうとし，順番やきまりを守り誰とでも仲よく運動をしようとしていたり，勝敗を受け入れようとしていたり，場の安全に気を付けたりしている。

D　水遊び

知識・技能	思考・判断・表現	主体的に学習に取り組む態度
次の運動遊びの行い方を知っているとともに，その動きを身に付けている。	水の中を移動したり，もぐったり浮いたりする簡単な遊び方を工夫しているとともに，考えた	運動遊びに進んで取り組もうとし，順番やきまりを守り誰とでも仲よく運動をしようとしてい

・水の中を移動する運動遊びでは，水につかって歩いたり走ったりしている。 ・もぐる・浮く運動遊びでは，息を止めたり吐いたりしながら，水にもぐったり浮いたりしている。	ことを友達に伝えている。	たり，水遊びの心得を守って安全に気を付けたりしている。

E　ゲーム

知識・技能	思考・判断・表現	主体的に学習に取り組む態度
次の運動遊びの行い方を知っているとともに，易しいゲームをしている。 ・ボールゲームでは，簡単なボール操作と攻めや守りの動きによって，易しいゲームをしている。 ・鬼遊びでは，一定の区域で，逃げる，追いかける，陣地を取り合うなどをしている。	簡単な規則を工夫したり，攻め方を選んだりしているとともに，考えたことを友達に伝えている。	運動遊びに進んで取り組もうとし，規則を守り誰とでも仲よく運動をしようとしていたり，勝敗を受け入れようとしていたり，場や用具の安全に気を付けたりしている。

F　表現リズム遊び

知識・技能	思考・判断・表現	主体的に学習に取り組む態度
次の運動遊びの行い方を知っているとともに，題材になりきったりリズムに乗ったりして踊っている。 ・表現遊びでは，身近な題材の特徴を捉え，全身で踊っている。 ・リズム遊びでは，軽快なリズムに乗って踊っている。	身近な題材の特徴を捉えて踊ったり，軽快なリズムに乗って踊ったりする簡単な踊り方を工夫しているとともに，考えたことを友達に伝えている。	運動遊びに進んで取り組もうとし，誰とでも仲よく踊ろうとしていたり，場の安全に気を付けたりしている。

Ⅱ　第3学年及び第4学年

1　第3学年及び第4学年の目標と評価の観点及びその趣旨

	（1）	（2）	（3）
目標	各種の運動の楽しさや喜びに触れ，その行い方及び健康で安全な生活や体の発育・発達について理解するとともに，基本的な動きや技能を身に付けるようにする。	自己の運動や身近な生活における健康の課題を見付け，その解決のための方法や活動を工夫するとともに，考えたことを他者に伝える力を養う。	各種の運動に進んで取り組み，きまりを守り誰とでも仲よく運動をしたり，友達の考えを認めたり，場や用具の安全に留意したりし，最後まで努力して運動をする態度を養う。また，健康の大切さに気付き，自己の健康の保持増進に進んで取り組む態度を養う。

（小学校学習指導要領 P.145）

観点	知識・技能	思考・判断・表現	主体的に学習に取り組む態度
趣旨	各種の運動の行い方について知っているとともに，基本的な動きや技能を身に付けている。また，健康で安全な生活や体の発育・発達について理解している。	自己の運動の課題を見付け，その解決のための活動を工夫しているとともに，考えたことを他者に伝えている。また，身近な生活における健康の課題を見付け，その解決のための方法を工夫しているとともに，考えたことを他者に伝えている。	各種の運動の楽しさや喜びに触れることができるよう，各種の運動に進んで取り組もうとしている。また，健康の大切さに気付き，自己の健康の保持増進についての学習に進んで取り組もうとしている。

（改善等通知　別紙4　P.20）

2　内容のまとまりごとの評価規準（例）

A　体つくり運動

知識・技能	思考・判断・表現	主体的に学習に取り組む態度
次の運動の行い方を知っているとともに，体を動かす心地よさを味わったり，基本的な動きを身に付けたりしている。 ・体ほぐしの運動では，手軽な運動を行い，心と体の変化に気付いたり，みんなで関わり合ったりしている。 ・多様な動きをつくる運動では，体のバランスをとる動き，体を移動する動き，用具を操作	自己の課題を見付け，その解決のための活動を工夫しているとともに，考えたことを友達に伝えている。	運動に進んで取り組もうとし，きまりを守り誰とでも仲よく運動をしようとしていたり，友達の考えを認めようとしていたり，場や用具の安全に気を付けたりしている。

巻末資料

する動き，力試しの動きをしていて，それらを組み合わせている。		

B 器械運動

知識・技能	思考・判断・表現	主体的に学習に取り組む態度
次の運動の行い方を知っているとともに，その技を身に付けている。 ・マット運動では，回転系や巧技系の基本的な技をしている。 ・鉄棒運動では，支持系の基本的な技をしている。 ・跳び箱運動では，切り返し系や回転系の基本的な技をしている。	自己の能力に適した課題を見付け，技ができるようになるための活動を工夫しているとともに，考えたことを友達に伝えている。	運動に進んで取り組もうとし，きまりを守り誰とでも仲よく運動をしようとしていたり，友達の考えを認めようとしていたり，場や器械・器具の安全に気を付けたりしている。

C 走・跳の運動

知識・技能	思考・判断・表現	主体的に学習に取り組む態度
次の運動の行い方を知っているとともに，その動きを身に付けている。 ・かけっこ・リレーでは，調子よく走ったりバトンの受渡しをしたりしている。 ・小型ハードル走では，小型ハードルを調子よく走り越えている。 ・幅跳びでは，短い助走から踏み切って跳んでいる。 ・高跳びでは，短い助走から踏み切って跳んでいる。	自己の能力に適した課題を見付け，動きを身に付けるための活動や競争の仕方を工夫しているとともに，考えたことを友達に伝えている。	運動に進んで取り組もうとし，きまりを守り誰とでも仲よく運動をしようとしていたり，勝敗を受け入れようとしていたり，友達の考えを認めようとしていたり，場や用具の安全に気を付けたりしている。

D 水泳運動

知識・技能	思考・判断・表現	主体的に学習に取り組む態度
次の運動の行い方を知っているとともに，その動きを身に付けている。	自己の能力に適した課題を見付け，水の中での動きを身に付けるための活動を工夫していると	運動に進んで取り組もうとし，きまりを守り誰とでも仲よく運動をしようとしていたり，友達

巻末資料

・浮いて進む運動では，け伸びや初歩的な泳ぎをしている。 ・もぐる・浮く運動では，息を止めたり吐いたりしながら，いろいろなもぐり方や浮き方をしている。	ともに，考えたことを友達に伝えている。	の考えを認めようとしていたり，水泳運動の心得を守って安全に気を付けたりしている。

E　ゲーム

知識・技能	思考・判断・表現	主体的に学習に取り組む態度
次の運動の行い方を知っているとともに，易しいゲームをしている。 ・ゴール型ゲームでは，基本的なボール操作とボールを持たないときの動きによって，易しいゲームをしている。 ・ネット型ゲームでは，基本的なボール操作とボールを操作できる位置に体を移動する動きによって，易しいゲームをしている。 ・ベースボール型ゲームでは，蹴る，打つ，捕る，投げるなどのボール操作と得点をとったり防いだりする動きによって，易しいゲームをしている。	規則を工夫したり，ゲームの型に応じた簡単な作戦を選んだりしているとともに，考えたことを友達に伝えている。	運動に進んで取り組もうとし，規則を守り誰とでも仲よく運動をしようとしていたり，勝敗を受け入れようとしていたり，友達の考えを認めようとしていたり，場や用具の安全に気を付けたりしている。

F　表現運動

知識・技能	思考・判断・表現	主体的に学習に取り組む態度
次の運動の行い方を知っているとともに，表したい感じを表現したりリズムに乗ったりして踊っている。 ・表現では，身近な生活などの題材からその主な特徴を捉え，表したい感じをひと流れの動きで踊っている。 ・リズムダンスでは，軽快なリズ	自己の能力に適した課題を見付け，題材やリズムの特徴を捉えた踊り方や交流の仕方を工夫しているとともに，考えたことを友達に伝えている。	運動に進んで取り組もうとし，誰とでも仲よく踊ろうとしていたり，友達の動きや考えを認めようとしていたり，場の安全に気を付けたりしている。

ムに乗って全身で踊っている。		

G　保健

(1)健康な生活

知識・技能	思考・判断・表現	主体的に学習に取り組む態度
・心や体の調子がよいなどの健康の状態は，主体の要因や周囲の環境の要因が関わっていることを理解している。 ・毎日を健康に過ごすには，運動，食事，休養及び睡眠の調和のとれた生活を続けること，また，体の清潔を保つことなどが必要であることを理解している。 ・毎日を健康に過ごすには，明るさの調節，喚起などの生活環境を整えることなどが必要であることを理解している。	・健康な生活について，課題を見付け，その解決に向けて考えているとともに，それを表現している。	・健康の大切さに気付き，健康な生活についての学習に進んで取り組もうとしている。

(2)体の発育・発達

知識・技能	思考・判断・表現	主体的に学習に取り組む態度
・体は，年齢に伴って変化することや体の発育・発達には，個人差があることを理解している。 ・体は，思春期になると次第に大人の体に近付き，体つきが変わったり，初経，精通などが起こったりすること，また，異性への関心が芽生えることを理解している。 ・体をよりよく発育・発達させるには，適切な運動，食事，休養及び睡眠が必要であることを理解している。	・体がよりよく発育・発達するために，課題を見付け，その解決に向けて考えているとともに，それを表現している。	・健康の大切さに気付き，体の発育・発達についての学習に進んで取り組もうとしている。

巻末
資料

Ⅲ　第5学年及び第6学年

1　第5学年及び第6学年の目標と評価の観点及びその趣旨

	（1）	（2）	（3）
目標	各種の運動の楽しさや喜びを味わい，その行い方及び心の健康やけがの防止，病気の予防について理解するとともに，各種の運動の特性に応じた基本的な技能及び健康で安全な生活を営むための技能を身に付けるようにする。	自己やグループの運動の課題や身近な健康に関わる課題を見付け，その解決のための方法や活動を工夫するとともに，自己や仲間の考えたことを他者に伝える力を養う。	各種の運動に積極的に取り組み，約束を守り助け合って運動をしたり，仲間の考えや取組を認めたり，場や用具の安全に留意したりし，自己の最善を尽くして運動をする態度を養う。また，健康・安全の大切さに気付き，自己の健康の保持増進や回復に進んで取り組む態度を養う。

（小学校学習指導要領 P. 149）

観点	知識・技能	思考・判断・表現	主体的に学習に取り組む態度
趣旨	各種の運動の行い方について理解しているとともに，各種の運動の特性に応じた基本的な技能を身に付けている。また，心の健康やけがの防止、病気の予防について理解しているとともに，健康で安全な生活を営むための技能を身に付けている。	自己やグループの運動の課題を見付け，その解決のための活動を工夫しているとともに，自己や仲間の考えたことを他者に伝えている。また，身近な健康に関する課題を見付け，その解決のための方法や活動を工夫しているとともに，自己や仲間の考えたことを他者に伝えている。	各種の運動の楽しさや喜びを味わうことができるよう，各種の運動に積極的に取り組もうとしている。また，健康・安全の大切さに気付き，自己の健康の保持増進や回復についての学習に進んで取り組もうとしている。

（改善等通知　別紙4　P. 20）

2　内容のまとまりごとの評価規準（例）

A　体つくり運動

知識・技能	思考・判断・表現	主体的に学習に取り組む態度
次の運動の行い方を理解しているとともに，体を動かす心地よさを味わったり，体の動きを高めたりしている。 ・体ほぐしの運動では，手軽な運動を行い，心と体との関係に気付いたり，仲間と関わり合ったりしている。	自己の体の状態や体力に応じて，運動の行い方を工夫しているとともに，自己や仲間の考えたことを他者に伝えている。	運動に積極的に取り組もうとし，約束を守り助け合って運動をしようとしていたり，仲間の考えや取組を認めようとしていたり，場や用具の安全に気を配ったりしている。

巻末資料

- 106 -

知識・技能	思考・判断・表現	主体的に学習に取り組む態度
・体の動きを高める運動では，ねらいに応じて，体の柔らかさ，巧みな動き，力強い動き，動きを持続する能力を高めるための運動をしている。		

B　器械運動

知識・技能	思考・判断・表現	主体的に学習に取り組む態度
次の運動の行い方を理解しているとともに，その技を身に付けている。 ・マット運動では，回転系や巧技系の基本的な技を安定して行ったり，その発展技を行ったり，それらを繰り返したり組み合わせたりしている。 ・鉄棒運動では，支持系の基本的な技を安定して行ったり，その発展技を行ったり，それらを繰り返したり組み合わせたりしている。 ・跳び箱運動では，切り返し系や回転系の基本的な技を安定して行ったり，その発展技を行ったりしている。	自己の能力に適した課題の解決の仕方や技の組み合わせ方を工夫しているとともに，自己や仲間の考えたことを他者に伝えている。	運動に積極的に取り組もうとし，約束を守り助け合って運動をしようとしていたり，仲間の考えや取組を認めようとしていたり，場や器械・器具の安全に気を配ったりしている。

C　陸上運動

知識・技能	思考・判断・表現	主体的に学習に取り組む態度
次の運動の行い方を理解しているとともに，その技能を身に付けている。 ・短距離走・リレーでは，一定の距離を全力で走ったり，滑らかなバトンの受渡しをしたりしている。 ・ハードル走では，ハードルをリズミカルに走り越えている。 ・走り幅跳びでは，リズミカルな	自己の能力に適した課題の解決の仕方，競争や記録への挑戦の仕方を工夫しているとともに，自己や仲間の考えたことを他者に伝えている。	運動に積極的に取り組もうとし，約束を守り助け合って運動をしようとしていたり，勝敗を受け入れようとしていたり，仲間の考えや取組を認めようとしていたり，場や用具の安全に気を配ったりしている。

巻末資料

助走から踏み切って跳んでいる。 ・走り高跳びでは、リズミカルな助走から踏み切って跳んでいる。		

D　水泳運動

知識・技能	思考・判断・表現	主体的に学習に取り組む態度
次の運動の行い方を理解しているとともに、その技能を身に付けている。 ・クロールでは、手や足の動きに呼吸を合わせて続けて長く泳いでいる。 ・平泳ぎでは、手や足の動きに呼吸を合わせて続けて長く泳いでいる。 ・安全確保につながる運動では、背浮きや浮き沈みをしながら続けて長く浮いている。	自己の能力に適した課題の解決の仕方や記録への挑戦の仕方を工夫しているとともに、自己や仲間の考えたことを他者に伝えている。	運動に積極的に取り組もうとし、約束を守り助け合って運動をしようとしていたり、仲間の考えや取組を認めようとしていたり、水泳運動の心得を守って安全に気を配ったりしている。

E　ボール運動

知識・技能	思考・判断・表現	主体的に学習に取り組む態度
次の運動の行い方を理解しているとともに、その技能を身に付け、簡易化されたゲームをしている。 ・ゴール型では、ボール操作とボールを持たないときの動きによって、簡易化されたゲームをしている。 ・ネット型では、個人やチームによる攻撃と守備によって、簡易化されたゲームをしている。 ・ベースボール型では、ボールを打つ攻撃と隊形をとった守備によって、簡易化されたゲームをしている。	ルールを工夫したり、自己やチームの特徴に応じた作戦を選んだりしているとともに、自己や仲間の考えたことを他者に伝えている。	運動に積極的に取り組もうとし、ルールを守り助け合って運動をしようとしていたり、勝敗を受け入れようとしていたり、仲間の考えや取組を認めようとしていたり、場や用具の安全に気を配ったりしている。

F　表現運動

知識・技能	思考・判断・表現	主体的に学習に取り組む態度
次の運動の行い方を理解しているとともに，表したい感じを表現したり踊りで交流したりしている。 ・表現では，いろいろな題材からそれらの主な特徴を捉え，表したい感じをひと流れの動きで即興的に踊ったり，簡単なひとまとまりの動きにして踊ったりしている。 ・フォークダンスでは，日本の民踊や外国の踊りから，それらの踊り方の特徴を捉え，音楽に合わせて簡単なステップや動きで踊っている。	自己やグループの課題の解決に向けて，表したい内容や踊りの特徴を捉えた練習や発表・交流の仕方を工夫しているとともに，自己や仲間の考えたことを他者に伝えている。	運動に積極的に取り組もうとし，互いのよさを認め合い助け合って踊ろうとしていたり，場の安全に気を配ったりしている。

G　保健

(1)心の健康

知識・技能	思考・判断・表現	主体的に学習に取り組む態度
・心は，いろいろな生活経験を通して，年齢に伴って発達することを理解している。 ・心と体には，密接な関係があることを理解している。 ・不安や悩みへの対処には，大人や友達に相談する，仲間と遊ぶ，運動をするなどいろいろな方法があることを理解しているとともに，技能を身に付けている。	・心の健康について，課題を見付け，その解決に向けて思考し判断しているとともに，それらを表現している。	・健康・安全の大切さに気付き，心の健康についての学習に進んで取り組もうとしている。

(2)　けがの防止

知識・技能	思考・判断・表現	主体的に学習に取り組む態度
・交通事故や身の回りの生活の危険が原因となって起こるけがの防止には，周囲の危険	・けがを防止するために，危険の予測や回避の方法を考えているとともに，それらを表	・健康・安全の大切さに気付き，けがの防止についての学習に進んで取り組もうとして

	現している。	いる。
に気付くこと，的確な判断の下に安全に行動すること，環境を安全に整えることが必要であることを理解している。 ・けがなどの簡単な手当は，速やかに行う必要があることを理解しているとともに，技能を身に付けている		

(3) 病気の予防

知識・技能	思考・判断・表現	主体的に学習に取り組む態度
・病気は，病原体，体の抵抗力，生活行動，環境が関わりあって起こることを理解している。 ・病原体が主な要因となって起こる病気の予防には，病原体が体に入ることを防ぐことや病原体に対する体の抵抗力を高めることが必要であることを理解している。 ・生活習慣病など生活行動が主な要因となって起こる病気の予防には，適切な運動，栄養の偏りのない食事をとること，口腔の衛生を保つことなど，望ましい生活習慣を身に付ける必要があることを理解している。 ・喫煙，飲酒，薬物乱用などの行為は，健康を損なう原因となることを理解している。 ・地域では，保健に関わる様々な活動が行われていることを理解している。	・病気を予防するために，課題を見付け，その解決に向けて思考し判断しているとともに，それらを表現している。	・健康・安全の大切さ気付き，病気の予防についての学習に進んで取り組もうとしている。

評価規準，評価方法等の工夫改善に関する調査研究について

平成 31 年 2 月 4 日　国立教育政策研究所長裁定
平成 31 年 4 月 12 日　一　　部　　改　　正

1　趣　　旨
　　学習評価については，中央教育審議会初等中等教育分科会教育課程部会において「児童
　生徒の学習評価の在り方について」（平成 31 年 1 月 21 日）の報告がまとめられ，新しい
　学習指導要領に対応した，各教科等の評価の観点及び評価の観点に関する考え方が示され
　たところである。
　　これを踏まえ，各小学校，中学校及び高等学校における児童生徒の学習の効果的，効率
　的な評価に資するため，教科等ごとに，評価規準，評価方法等の工夫改善に関する調査研
　究を行う。

2　調査研究事項
（1）評価規準及び当該規準を用いた評価方法に関する参考資料の作成
（2）学校における学習評価に関する取組についての情報収集
（3）上記（1）及び（2）に関連する事項

3　実施方法
　　調査研究に当たっては，教科等ごとに教育委員会関係者，教師及び学識経験者等を協力
　者として委嘱し，2 の事項について調査研究を行う。

4　庶　　務
　　この調査研究にかかる庶務は，教育課程研究センターにおいて処理する。

5　実施期間
　　平成 31 年 4 月 19 日〜令和 2 年 3 月 31 日

巻末
資料

評価規準，評価方法等の工夫改善に関する調査研究協力者（五十音順）

小川　史子　　　栃木県宇都宮市立姿川第一小学校主幹教諭

唐澤　好彦　　　東京都品川区教育委員会教育総合支援センター統括指導主事

鈴木　美江　　　埼玉県春日部市立川辺小学校長

清田　美紀　　　広島県東広島市教育委員会指導主事

高田　彬成　　　帝京大学教授

細越　淳二　　　国士舘大学教授

美越　英宣　　　東京都教育庁統括指導主事

森　　良一　　　東海大学教授

国立教育政策研究所においては，次の関係官が担当した。

塩見　英樹　　　国立教育政策研究所教育課程研究センター研究開発部教育課程調査官

横嶋　　剛　　　国立教育政策研究所教育課程研究センター研究開発部教育課程調査官

この他，本書編集の全般にわたり，国立教育政策研究所において以下の者が担当した。

笹井　弘之　　　国立教育政策研究所教育課程研究センター長

清水　正樹　　　国立教育政策研究所教育課程研究センター研究開発部副部長

髙井　　修　　　国立教育政策研究所教育課程研究センター研究開発部研究開発課長

高橋　友之　　　国立教育政策研究所教育課程研究センター研究開発部研究開発課指導係長

奥田　正幸　　　国立教育政策研究所教育課程研究センター研究開発部研究開発課指導係専門職

森　　孝博　　　国立教育政策研究所教育課程研究センター研究開発部教育課程調査官

巻末
資料

学習指導要領等関係資料について

　学習指導要領等の関係資料は以下のとおりです。いずれも，文部科学省や国立教育政策研究所のウェブサイトから閲覧が可能です。スマートフォンなどで閲覧する際は，以下の二次元コードを読み取って，資料に直接アクセスする事が可能です。本書と合わせて是非ご覧ください。

① 学習指導要領、学習指導要領解説　等
② 中央教育審議会答申「幼稚園、小学校、中学校、高等学校及び特別支援学校の学習指導要領等の改善及び必要な方策等について」（平成28年12月21日）
③ 中央教育審議会初等中等教育分科会教育課程部会報告「児童生徒の学習評価の在り方について」（平成31年1月21日）
④ 小学校，中学校，高等学校及び特別支援学校等における児童生徒の学習評価及び指導要録の改善等について（平成31年3月29日30文科初第1845号初等中等教育局長通知）
　　　　　　　　　　　　※各教科等の評価の観点及びその趣旨や指導要録（参考様式）は，同通知に掲載。
⑤ 学習評価の在り方ハンドブック(小・中学校編)（令和元年6月）
⑥ 学習評価の在り方ハンドブック(高等学校編)（令和元年6月）
⑦ 平成29年改訂の小・中学校学習指導要領に関するQ&A
⑧ 平成30年改訂の高等学校学習指導要領に関するQ&A
⑨ 平成29・30年改訂の学習指導要領下における学習評価に関するQ&A

①　②　③
④　⑤　⑥
⑦　⑧　⑨

巻末
資料

学習評価の
在り方
ハンドブック

小・中学校編

文部科学省　国立教育政策研究所教育課程研究センター

学習指導要領

学習指導要領とは, 国が定めた「教育課程の基準」です。

（学校教育法施行規則第52条, 74条,84条及び129条等より）

■学習指導要領の構成
〈小学校の例〉

前文
第1章　総則
第2章　各教科
　　　　第1節　　国語
　　　　第2節　　社会
　　　　第3節　　算数
　　　　第4節　　理科
　　　　第5節　　生活
　　　　第6節　　音楽
　　　　第7節　　図画工作
　　　　第8節　　家庭
　　　　第9節　　体育
　　　　第10節　　外国語
第3章　特別の教科 道徳
第4章　外国語活動
第5章　総合的な学習の時間
第6章　特別活動

総則は, 以下の項目で整理され,
全ての教科等に共通する事項が記載されています。
- 第1　小学校教育の基本と教育課程の役割
- 第2　教育課程の編成
- 第3　教育課程の実施と学習評価
- 第4　児童の発達の支援
- 第5　学校運営上の留意事項
- 第6　道徳教育に関する配慮事項

学習評価の
実施に当たっての
配慮事項

各教科等の目標, 内容等が記載されています。
（例）第1節　国語
- 第1　目標
- 第2　各学年の目標及び内容
- 第3　指導計画の作成と内容の取扱い

　平成29年改訂学習指導要領の各教科等の目標や内容は,
教育課程全体を通して育成を目指す資質・能力の三つの柱に
基づいて再整理されています。

ア　何を理解しているか, 何ができるか
　　（生きて働く「知識・技能」の習得）
イ　理解していること・できることをどう使うか（未知の状況にも
　　対応できる「思考力・判断力・表現力等」の育成）
ウ　どのように社会・世界と関わり, よりよい人生を送るか
　　（学びを人生や社会に生かそうとする「学びに向かう力・
　　人間性等」の涵養）

平成29年改訂「小学校学習指導要領」より
※中学校もおおむね同様の構成です。

詳しくは, 文部科学省Webページ「学習指導要領のくわしい内容」をご覧ください。
(http://www.mext.go.jp/a_menu/shotou/new-cs/1383986.htm)

学習指導要領解説

学習指導要領解説とは, 大綱的な基準である学習指導要領の記述の意味や解釈などの詳細について説明するために, 文部科学省が作成したものです。

■学習指導要領解説の構成
〈小学校 国語編の例〉

● 第1章　総説
　　　1　改訂の経緯及び基本方針
　　　2　国語科の改訂の趣旨及び要点

> 総説
> 改訂の経緯及び
> 基本方針

● 第2章　国語科の目標及び内容
　　第1節　国語科の目標
　　　1　教科の目標
　　　2　学年の目標
　　第2節　国語科の内容
　　　1　内容の構成
　　　2　〔知識及び技能〕の内容
　　　3　〔思考力, 判断力, 表現力等〕の内容

● 第3章　各学年の内容
　　第1節　第1学年及び第2学年の内容
　　　1　〔知識及び技能〕
　　　2　〔思考力, 判断力, 表現力等〕
　　第2節　第3学年及び第4学年の内容
　　　1　〔知識及び技能〕
　　　2　〔思考力, 判断力, 表現力等〕
　　第3節　第5学年及び第6学年の内容
　　　1　〔知識及び技能〕
　　　2　〔思考力, 判断力, 表現力等〕

● 第4章　指導計画の作成と内容の取扱い
　　　1　指導計画作成上の配慮事項
　　　2　内容の取扱いについての配慮事項
　　　3　教材についての配慮事項

> 指導計画作成や
> 内容の取扱いに係る配慮事項

● 付録
　　付録1：学校教育施行規則(抄)
　　付録2：小学校学習指導要領　第1章　総則
　　付録3：小学校学習指導要領　第2章　第1節　国語
　　付録4：教科の目標,各学年の目標及び内容の系統表
　　　　　　(小・中学校国語科)
　　付録5：中学校学習指導要領　第2章　第1節　国語
　　付録6：小学校学習指導要領　第2章　第10節　外国語
　　付録7：小学校学習指導要領　第4章　外国語活動
　　付録8：小学校学習指導要領　第3章　特別の教科　道徳
　　付録9：「道徳の内容」の学年段階・学校段階の一覧表
　　付録10：幼稚園教育要領

> 教科等の目標
> 及び内容の概要

> 参考
> (系統性等)

> 学年や
> 分野ごとの内容

「小学校学習指導要領解説 国語編」より
※中学校もおおむね同様の構成です。「総則編」,「総合的な学習の時間編」及び「特別活動編」は異なった構成となっています。

教師は, 学習指導要領で定めた資質・能力が,
児童生徒に確実に育成されているかを評価します

学習評価の基本的な考え方

　学習評価は,学校における教育活動に関し,児童生徒の学習状況を評価するものです。「児童生徒にどういった力が身に付いたか」という学習の成果を的確に捉え,**教師が指導の改善を図る**とともに,**児童生徒自身が自らの学習を振り返って次の学習に向かうことができるようにする**ためにも,学習評価の在り方は重要であり,教育課程や学習・指導方法の改善と一貫性のある取組を進めることが求められます。

カリキュラム・マネジメントの一環としての指導と評価

　各学校は,日々の授業の下で児童生徒の学習状況を評価し,その結果を児童生徒の学習や教師による指導の改善や学校全体としての教育課程の改善,校務分掌を含めた組織運営等の改善に生かす中で,学校全体として組織的かつ計画的に教育活動の質の向上を図っています。

　このように,「学習指導」と「学習評価」は学校の教育活動の根幹であり,教育課程に基づいて組織的かつ計画的に教育活動の質の向上を図る「カリキュラム・マネジメント」の中核的な役割を担っています。

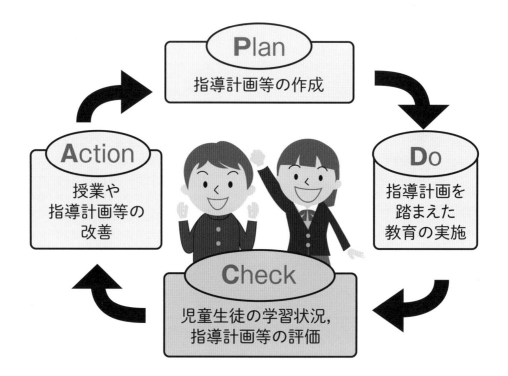

主体的・対話的で深い学びの視点からの授業改善と評価

　指導と評価の一体化を図るためには,児童生徒一人一人の学習の成立を促すための評価という視点を一層重視することによって,教師が自らの指導のねらいに応じて授業の中での児童生徒の学びを振り返り,学習や指導の改善に生かしていくというサイクルが大切です。平成29年改訂学習指導要領で重視している「主体的・対話的で深い学び」の視点からの授業改善を通して,各教科等における資質・能力を確実に育成する上で,学習評価は重要な役割を担っています。

☑ 教師の指導改善に
　つながるものにしていくこと

☑ 児童生徒の学習改善に
　つながるものにしていくこと

☑ これまで慣行として行われてきたことでも,
　必要性・妥当性が認められないものは
　見直していくこと

> 次の授業では
> ○○を重点的に
> 指導しよう。

> ○○のところは
> もっと〜した方が
> よいですね。

詳しくは, 平成31年3月29日文部科学省初等中等教育局長通知「小学校,中学校,高等学校及び特別支援学校等における児童生徒の学習評価及び指導要録の改善等について（通知）」をご覧ください。
(http://www.mext.go.jp/b_menu/hakusho/nc/1415169.htm)

コラム　　　　評価に戸惑う児童生徒の声

　「先生によって観点の重みが違うんです。授業態度をとても重視する先生もいるし,テストだけで判断するという先生もいます。そうすると,どう努力していけばよいのか本当に分かりにくいんです。」（中央教育審議会初等中等教育分科会教育課程部会 児童生徒の学習評価に関するワーキンググループ第7回における高等学校3年生の意見より）

　あくまでこれは一部の意見ですが,学習評価に対する児童生徒のこうした意見には,適切な評価を求める切実な思いが込められています。そのような児童生徒の声に応えるためにも,教師は,児童生徒への学習状況のフィードバックや,授業改善に生かすという評価の機能を一層充実させる必要があります。教師と児童生徒が共に納得する学習評価を行うためには,評価規準を適切に設定し,評価の規準や方法について,教師と児童生徒及び保護者で共通理解を図るガイダンス的な機能と,児童生徒の自己評価と教師の評価を結び付けていくカウンセリング的な機能を充実させていくことが重要です。

Column

学習評価の基本構造

　平成29年改訂で,学習指導要領の目標及び内容が資質・能力の三つの柱で再整理されたことを踏まえ,各教科における観点別学習状況の評価の観点については,「知識・技能」,「思考・判断・表現」,「主体的に学習に取り組む態度」の3観点に整理されています。

「学びに向かう力,人間性等」には
①「主体的に学習に取り組む態度」として観点別評価(学習状況を分析的に捉える)を通じて見取ることができる部分と,
②観点別評価や評定にはなじまず,こうした評価では示しきれないことから個人内評価を通じて見取る部分があります。

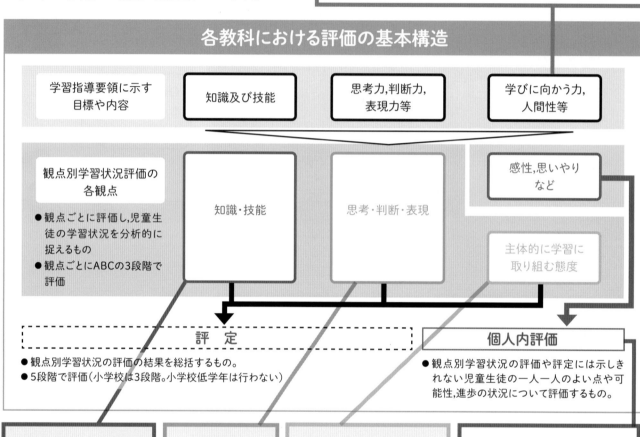

各教科における評価の基本構造

| 学習指導要領に示す目標や内容 | 知識及び技能 | 思考力,判断力,表現力等 | 学びに向かう力,人間性等 |

観点別学習状況評価の各観点
- 観点ごとに評価し,児童生徒の学習状況を分析的に捉えるもの
- 観点ごとにABCの3段階で評価

知識・技能

思考・判断・表現

感性,思いやりなど

主体的に学習に取り組む態度

評定
- 観点別学習状況の評価の結果を総括するもの。
- 5段階で評価(小学校は3段階。小学校低学年は行わない)

個人内評価
- 観点別学習状況の評価や評定には示しきれない児童生徒の一人一人のよい点や可能性,進歩の状況について評価するもの。

　各教科等における学習の過程を通した知識及び技能の習得状況について評価を行うとともに,それらを既有の知識及び技能と関連付けたり活用したりする中で,他の学習や生活の場面でも活用できる程度に概念等を理解したり,技能を習得したりしているかを評価します。

　各教科等の知識及び技能を活用して課題を解決する等のために必要な思考力,判断力,表現力等を身に付けているかどうかを評価します。

　知識及び技能を獲得したり,思考力,判断力,表現力等を身に付けたりするために,自らの学習状況を把握し,学習の進め方について試行錯誤するなど自らの学習を調整しながら,学ぼうとしているかどうかという意思的な側面を評価します。

　個人内評価の対象となるものについては,児童生徒が学習したことの意義や価値を実感できるよう,日々の教育活動等の中で児童生徒に伝えることが重要です。特に,「学びに向かう力,人間性等」のうち「感性や思いやり」など児童生徒一人一人のよい点や可能性,進歩の状況などを積極的に評価し児童生徒に伝えることが重要です。

　詳しくは,平成31年1月21日文部科学省中央教育審議会初等中等教育分科会教育課程部会「児童生徒の学習評価の在り方について(報告)」をご覧ください。
(http://www.mext.go.jp/b_menu/shingi/chukyo/chukyo3/004/gaiyou/1412933.htm)

特別の教科 道徳, 外国語活動, 総合的な学習の時間及び特別活動の評価について

　特別の教科 道徳, 外国語活動(小学校のみ), 総合的な学習の時間, 特別活動についても, 学習指導要領で示したそれぞれの目標や特質に応じ, 適切に評価します。なお, 道徳科の評価は, 入学者選抜の合否判定に活用することのないようにする必要があります。

▍特別の教科 道徳(道徳科)

　児童生徒の人格そのものに働きかけ, 道徳性を養うことを目標とする道徳科の評価としては, 観点別評価は妥当ではありません。授業において児童生徒に考えさせることを明確にして, 「道徳的諸価値についての理解を基に, 自己を見つめ, 物事を(広い視野から)多面的・多角的に考え, 自己の(人間としての)生き方についての考えを深める」という学習活動における児童生徒の具体的な取組状況を, 一定のまとまりの中で, 児童生徒が学習の見通しを立てたり学習したことを振り返ったりする活動を適切に設定しつつ, 学習活動全体を通して見取ります。

▍外国語活動(小学校のみ)

　評価の観点については, 学習指導要領に示す「第1目標」を踏まえ, 右の表を参考に設定することとしています。この3つの観点に則して児童の学習状況を見取ります。

知識・技能	思考・判断・表現	主体的に学習に取り組む態度
●外国語を通して, 言語や文化について体験的に理解を深めている。 ●日本語と外国語の音声の違い等に気付いている。 ●外国語の音声や基本的な表現に慣れ親しんでいる。	身近で簡単な事柄について, 外国語で聞いたり話したりして自分の考えや気持ちなどを伝え合っている。	外国語を通して, 言語やその背景にある文化に対する理解を深め, 相手に配慮しながら, 主体的に外国語を用いてコミュニケーションを図ろうとしている。

▍総合的な学習の時間

　評価の観点については, 学習指導要領に示す「第1目標」を踏まえ, 各学校において具体的に定めた目標, 内容に基づいて, 右の表を参考に定めることとしています。この3つの観点に則して児童生徒の学習状況を見取ります。

知識・技能	思考・判断・表現	主体的に学習に取り組む態度
探究的な学習の過程において, 課題の解決に必要な知識や技能を身に付け, 課題に関わる概念を形成し, 探究的な学習のよさを理解している。	実社会や実生活の中から問いを見いだし, 自分で課題を立て, 情報を集め, 整理・分析して, まとめ・表現している。	探究的な学習に主体的・協働的に取り組もうとしているとともに, 互いのよさを生かしながら, 積極的に社会に参画しようとしている。

▍特別活動

　特別活動の特質と学校の創意工夫を生かすということから, 設置者ではなく, 各学校が評価の観点を定めることとしています。その際, 学習指導要領に示す特別活動の目標や学校として重点化した内容を踏まえ, 例えば以下のように, 具体的に観点を示すことが考えられます。

特別活動の記録								
内容	観点	学年	1	2	3	4	5	6
学級活動	よりよい生活を築くための知識・技能		○		○	○	○	
児童会活動	集団や社会の形成者としての思考・判断・表現			○	○		○	
クラブ活動	主体的に生活や人間関係をよりよくしようとする態度					○		
学校行事				○		○	○	

　各学校で定めた観点を記入した上で, 内容ごとに, 十分満足できる状況にあると判断される場合に, ○印を記入します。
　○印をつけた具体的な活動の状況等については, 「総合所見及び指導上参考となる諸事項」の欄に簡潔に記述することで, 評価の根拠を記録に残すことができます。

小学校児童指導要録(参考様式)様式2の記入例(5年生の例)

　なお, 特別活動は学級担任以外の教師が指導する活動が多いことから, 評価体制を確立し, 共通理解を図って, 児童生徒のよさや可能性を多面的・総合的に評価するとともに, 確実に資質・能力が育成されるよう指導の改善に生かすことが求められます。

観点別学習状況の評価について

　観点別学習状況の評価とは，学習指導要領に示す目標に照らして，その実現状況がどのようなものであるかを，観点ごとに評価し，児童生徒の学習状況を分析的に捉えるものです。

▎「知識・技能」の評価の方法

　「知識・技能」の評価の考え方は，従前の評価の観点である「知識・理解」，「技能」においても重視してきたところです。具体的な評価方法としては，例えばペーパーテストにおいて，事実的な知識の習得を問う問題と，知識の概念的な理解を問う問題とのバランスに配慮するなどの工夫改善を図る等が考えられます。また，児童生徒が文章による説明をしたり，各教科等の内容の特質に応じて，観察・実験をしたり，式やグラフで表現したりするなど実際に知識や技能を用いる場面を設けるなど，多様な方法を適切に取り入れていくこと等も考えられます。

▎「思考・判断・表現」の評価の方法

　「思考・判断・表現」の評価の考え方は，従前の評価の観点である「思考・判断・表現」においても重視してきたところです。具体的な評価方法としては，ペーパーテストのみならず，論述やレポートの作成，発表，グループや学級における話合い，作品の制作や表現等の多様な活動を取り入れたり，それらを集めたポートフォリオを活用したりするなど評価方法を工夫することが考えられます。

▎「主体的に学習に取り組む態度」の評価の方法

　具体的な評価方法としては，ノートやレポート等における記述，授業中の発言，教師による行動観察や，児童生徒による自己評価や相互評価等の状況を教師が評価を行う際に考慮する材料の一つとして用いることなどが考えられます。その際，各教科等の特質に応じて，児童生徒の発達の段階や一人一人の個性を十分に考慮しながら，「知識・技能」や「思考・判断・表現」の観点の状況を踏まえた上で，評価を行う必要があります。

「主体的に学習に取り組む態度」の評価のイメージ

○「主体的に学習に取り組む態度」の評価については,①知識及び技能を獲得したり,思考力,判断力,表現力等を身に付けたりすることに向けた粘り強い取組を行おうとする側面と,②①の粘り強い取組を行う中で,自らの学習を調整しようとする側面,という二つの側面から評価することが求められる。

○これら①②の姿は実際の教科等の学びの中では別々ではなく相互に関わり合いながら立ち現れるものと考えられる。例えば,自らの学習を全く調整しようとせず粘り強く取り組み続ける姿や,粘り強さが全くない中で自らの学習を調整する姿は一般的ではない。

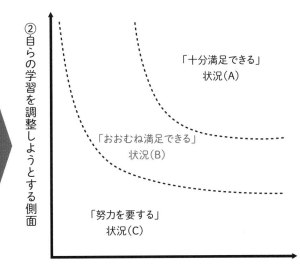

ここでの評価は,その学習の調整が「適切に行われるか」を必ずしも判断するものではなく,学習の調整が知識及び技能の習得などに結びついていない場合には,教師が学習の進め方を適切に指導することが求められます。

「自らの学習を調整しようとする側面」とは…

自らの学習状況を把握し,学習の進め方について試行錯誤するなどの意思的な側面のことです。評価に当たっては,児童生徒が自らの理解の状況を振り返ることができるような発問の工夫をしたり,自らの考えを記述したり話し合ったりする場面,他者との協働を通じて自らの考えを相対化する場面を,単元や題材などの内容のまとまりの中で設けたりするなど,「主体的・対話的で深い学び」の視点からの授業改善を図る中で,適切に評価できるようにしていくことが重要です。

コラム

「主体的に学習に取り組む態度」は,「関心・意欲・態度」と同じ趣旨ですが…
～こんなことで評価をしていませんでしたか？～

平成31年1月21日文部科学省中央教育審議会初等中等教育分科会教育課程部会「児童生徒の学習評価の在り方について(報告)」では,学習評価について指摘されている課題として,「関心・意欲・態度」の観点について「学校や教師の状況によっては,挙手の回数や毎時間ノートを取っているかなど,性格や行動面の傾向が一時的に表出された場面を捉える評価であるような誤解が払拭し切れていない」ということが指摘されました。これを受け,従来から重視されてきた各教科等の学習内容に関心をもつことのみならず,よりよく学ぼうとする意欲をもって学習に取り組む態度を評価するという趣旨が改めて強調されました。

Column

学習評価の充実

学習評価の妥当性, 信頼性を高める工夫の例

- 評価規準や評価方法について,事前に教師同士で検討するなどして明確にすること,評価に関する実践事例を蓄積し共有していくこと,評価結果についての検討を通じて評価に係る教師の力量の向上を図ることなど,学校として組織的かつ計画的に取り組む。
- 学校が児童生徒や保護者に対し,評価に関する仕組みについて事前に説明したり,評価結果について丁寧に説明したりするなど,評価に関する情報をより積極的に提供し児童生徒や保護者の理解を図る。

評価時期の工夫の例

- 日々の授業の中では児童生徒の学習状況を把握して指導に生かすことに重点を置きつつ,各教科における「知識・技能」及び「思考・判断・表現」の評価の記録については,原則として単元や題材などのまとまりごとに,それぞれの実現状況が把握できる段階で評価を行う。
- 学習指導要領に定められた各教科等の目標や内容の特質に照らして,複数の単元や題材などにわたって長期的な視点で評価することを可能とする。

学年や学校間の円滑な接続を図る工夫の例

- 「キャリア・パスポート」を活用し,児童生徒の学びをつなげることができるようにする。
- 小学校段階においては,幼児期の教育との接続を意識した「スタートカリキュラム」を一層充実させる。
- 高等学校段階においては,入学者選抜の方針や選抜方法の組合せ,調査書の利用方法,学力検査の内容等について見直しを図ることが考えられる。

▎評価方法の工夫の例

全国学力・学習状況調査
（問題や授業アイディア例）を参考にした例

　平成19年度より毎年行われている全国学力・学習状況調査では，知識及び技能等を実生活の様々な場面に活用する力や，様々な課題解決のための構想を立て実践し評価・改善する力などに関わる内容の問題が出題されています。

　全国学力・学習状況調査の解説資料や報告書，授業アイディア例を参考にテストを作成したり，授業を工夫したりすることもできます。

　詳しくは，国立教育政策研究所Webページ「全国学力・学習状況調査」をご覧ください。

（http://www.nier.go.jp/kaihatsu/zenkokugakuryoku.html）

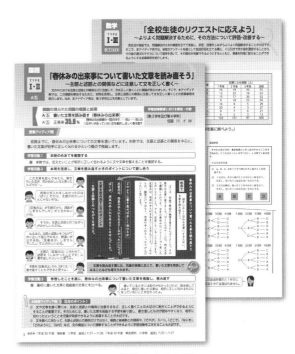

授業アイディア例

評価の方法の共有で働き方改革

　ペーパーテスト等のみにとらわれず，一人一人の学びに着目して評価をすることは，教師の負担が増えることのように感じられるかもしれません。しかし，児童生徒の学習評価は教育活動の根幹であり，「カリキュラム・マネジメント」の中核的な役割を担っています。その際，助けとなるのは，教師間の協働と共有です。

　評価の方法やそのためのツールについての悩みを一人で抱えることなく，学校全体や他校との連携の中で，計画や評価ツールの作成を分担するなど，これまで以上に協働と共有を進めれば，教師一人当たりの量的・時間的・精神的な負担の軽減につながります。風通しのよい評価体制を教師間で作っていくことで，評価方法の工夫改善と働き方改革にもつながります。

「指導と評価の一体化の取組状況」

A:学習評価を通じて，学習評価のあり方を見直すことや個に応じた指導の充実を図るなど，指導と評価の一体化に学校全体で取り組んでいる。

B:指導と評価の一体化の取組は，教師個人に任されている。

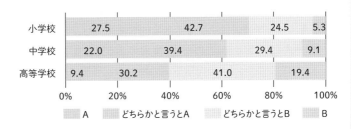

（平成29年度文部科学省委託調査「学習指導と学習評価に対する意識調査」より）

Column

Q&A －先生方の質問にお答えします－

Q1　1回の授業で，3つの観点全てを評価しなければならないのですか。

A.　学習評価については，日々の授業の中で児童生徒の学習状況を適宜把握して指導の改善に生かすことに重点を置くことが重要です。したがって観点別学習状況の評価の記録に用いる評価については，毎回の授業ではなく原則として単元や題材などの内容や時間のまとまりごとに，それぞれの実現状況を把握できる段階で行うなど，その場面を精選することが重要です。

Q2　「十分満足できる」状況(A)はどのように判断したらよいのですか。

A.　各教科において「十分満足できる」状況(A)と判断するのは，評価規準に照らし，児童生徒が実現している学習の状況が質的な高まりや深まりをもっていると判断される場合です。「十分満足できる」状況(A)と判断できる児童生徒の姿は多様に想定されるので，学年会や教科部会等で情報を共有することが重要です。

Q3　指導要録の文章記述欄が多く，かなりの時間を要している現状を解決できませんか。

A.　本来，学習評価は日常の指導の場面で，児童生徒本人へフィードバックを行う機会を充実させるとともに，通知表や面談などの機会を通して，保護者との間でも評価に関する情報共有を充実させることが重要です。このため，指導要録における文章記述欄については，例えば，「総合所見及び指導上参考となる諸事項」については，要点を箇条書きとするなど，必要最小限のものとなるようにしました。また，小学校第3学年及び第4学年における外国語活動については，記述欄を簡素化した上で，評価の観点に即して，児童の学習状況に顕著な事項がある場合などにその特徴を記入することとしました。

Q4　評定以外の学習評価についても保護者の理解を得るにはどのようにすればよいのでしょうか。

A.　保護者説明会等において，学習評価に関する説明を行うことが効果的です。各教科等における成果や課題を明らかにする「観点別学習状況の評価」と，教育課程全体を見渡した学習状況を把握することが可能な「評定」について，それぞれの利点や，上級学校への入学者選抜に係る調査書のねらいや活用状況を明らかにすることは，保護者との共通理解の下で児童生徒への指導を行っていくことにつながります。

Q5　障害のある児童生徒の学習評価について，どのようなことに配慮すべきですか。

A.　学習評価に関する基本的な考え方は，障害のある児童生徒の学習評価についても変わるものではありません。このため，障害のある児童生徒については，特別支援学校等の助言または援助を活用しつつ，個々の児童生徒の障害の状態等に応じた指導内容や指導方法の工夫を行い，その評価を適切に行うことが必要です。また，指導要録の通級による指導に関して記載すべき事項が個別の指導計画に記載されている場合には，その写しをもって指導要録への記入に替えることも可能としました。

文部科学省
国立教育政策研究所
National Institute for Educational Policy Research

令和元年6月
文部科学省　国立教育政策研究所教育課程研究センター
〒100-8951 東京都千代田区霞が関3丁目2番2号　TEL 03-6733-6833（代表）

「指導と評価の一体化」のための
学習評価に関する参考資料
【小学校 体育】

令和 2 年 6 月 27 日	初版発行
令和 6 年 4 月 15 日	6 版発行

著作権所有　　　　　国立教育政策研究所
　　　　　　　　　　教育課程研究センター

発 行 者　　　　　東京都千代田区神田錦町 2 丁目 9 番 1 号
　　　　　　　　　　コンフォール安田ビル 2 階
　　　　　　　　　　株式会社　東洋館出版社
　　　　　　　　　　代表者　錦織　圭之介

印 刷 者　　　　　大阪市住之江区中加賀屋 4 丁目 2 番 10 号
　　　　　　　　　　岩岡印刷株式会社

発 行 所　　　　　東京都千代田区神田錦町 2 丁目 9 番 1 号
　　　　　　　　　　コンフォール安田ビル 2 階
　　　　　　　　　　株式会社　東洋館出版社
　　　　　　　　　　電話　03-6778-4343

ISBN978-4-491-04128-5　　　　　定価：本体 1,000 円
　　　　　　　　　　　　　　　　　　（税込 1,100 円）税 10%